LES ENVIRONS PITTORESQUES D'ALENÇON

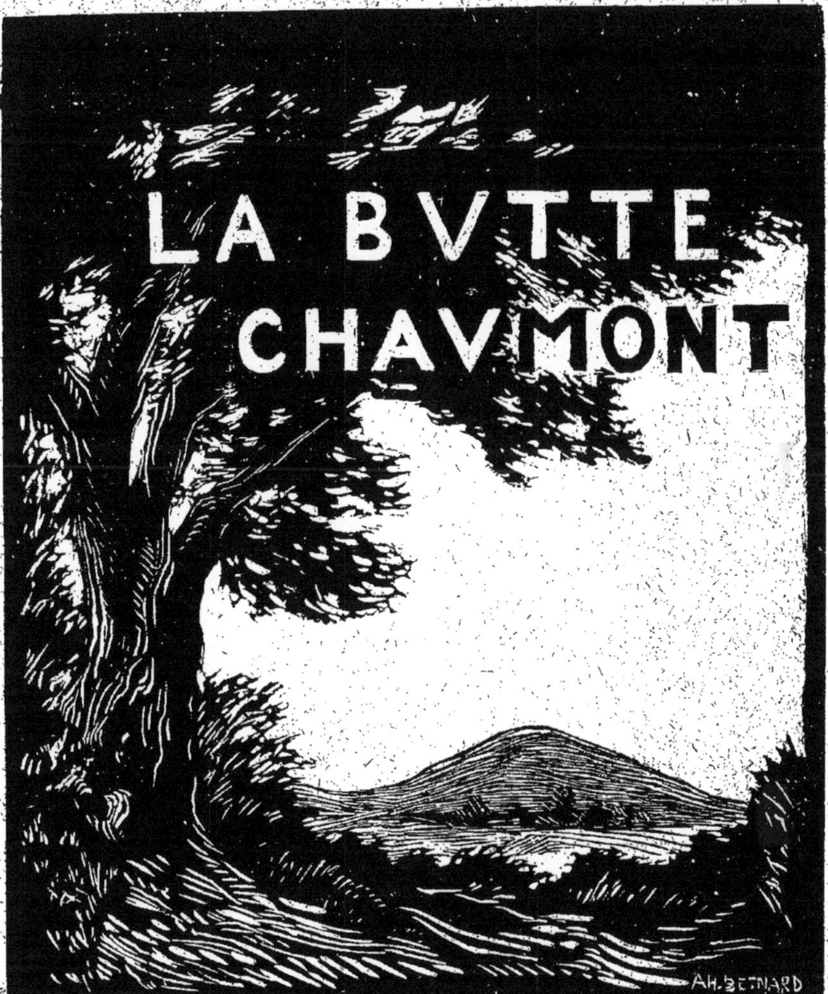
LA BVTTE
CHAVMONT

Guide historique et archéologique avec cartes, gravures et plans

par

ANDRÉ BOUTON

DES SOCIÉTÉS HISTORIQUES ET ARCHÉOLOGIQUES DU MAINE ET DE L'ORNE

La Butte Chaumont

Guide historique et archéologique avec cartes, gravures et plans

par

ANDRÉ BOUTON

MEMBRE DES SOCIÉTÉS HISTORIQUES ET ARCHÉOLOGIQUES DU MAINE ET DE L'ORNE

A Etiennette BARDET, mon épouse,
en témoignage de ma profonde affection.

A. B.

AU LECTEUR

Je tiens à expliquer au lecteur comment je fus amené à écrire cette modeste étude dans des circonstances exceptionnelles, loin du tumulte du front et des préoccupations angoissantes de l'heure.

Je venais de passer des mois douloureux après avoir été sévèrement blessé, les nécessités de la défense nationale obligeaient l'autorité militaire à rendre utiles ses soldats pendant leur convalescence, le hasard m'amena à Chaumont, non loin des Alpes Mancelles qui m'ont vu naître.

C'était un séjour admirable pour passer cette période de résurrection à la vie qui suit les jours où les dangers mortels sont écartés ; on renaît, on sent le prix de l'existence, on a un sentiment nouveau de sa valeur et le site merveilleux de Chaumont, avec ses étonnants couchers de soleil dorant les bois frissonnant mollement à la brise du soir, son air pur et réconfortant, la libre activité des êtres inférieurs dont la forêt est le domaine, le calme bienfaisant de la solitude étaient notamment faits pour dégager des pensées ordinaires et élever l'esprit.

Tandis que les soldats vaquaient à leur service de garde ou allaient dans la plaine participer aux travaux agricoles, je me penchais sur ce lieu plein d'emprise et mon attention fut bientôt retenue par les apports des générations disparues : ces retranchements étranges retrouvés dans les bois, ces ruines de l'ermitage.

Je voulus en connaître l'histoire, faire parler ce passé, mes loisirs furent employés à rechercher des documents à la bibliothèque d'Alençon.

Je ne fus pas trop malheureux dans mes recherches, j'interrogeai les uns et les autres, et bientôt la solitude de Chaumont s'anima, les vieilles pierres remuèrent et la masse froide et morne me fit ses confidences.

J'avoue avoir été enthousiasmé de voir que ces rocs avaient un passé, une histoire, que l'homme avait complété la nature. Dans notre beau pays de France une légion de pieux et érudits chercheurs s'efforce de ranimer notre sol, il est si riche d'événements et de traditions qu'il suffit de se pencher laborieusement sur lui pour en faire surgir une abondante moisson accumulée par des siècles d'activité d'une civilisation millénaire.

Et tout de suite j'ai aimé cette terre que j'avais contribué à protéger des convoitises d'une civilisation qui n'est pas la nôtre et ne saurait le comprendre.

Puisse ce modeste travail contribuer à la mieux faire connaître et à donner le sentiment qu'elle exige impérieusement : qu'on ne l'abandonne pas, qu'on ne la déserte pas par une dénatalité qui est une trahison à son égard.

Des générations ont lutté et peiné pendant des siècles pour conquérir cette nature, pour transformer le sol revêche en une terre vivante et productive. Nous avons le devoir envers nos ancêtres de ne pas rendre tant de labeur inutile, et non seulement de maintenir leurs conquêtes mais de les étendre encore.

Au cours d'un récent voyage en Italie, je souffrais de voir ces contrées méridionales grouillantes de population et débordantes d'activité au souvenir de nos campagnes où trop souvent désormais on fait des kilomètres sur les routes désertes sans rencontrer un homme, et nos hameaux qui tombent en ruines m'ont fait peur. Il m'a paru que nous étions en train de commettre un crime inexpiable, que l'avenir était sombre et que malgré les qualités exceptionnelles de notre race, le nombre pourrait bien l'emporter un jour. Etait-ce pour aboutir à ce suicide que nos aïeux ont souffert, que ces dernières années tant de jeunes hommes, ce que la France avait de meilleur, ont donné leur vie en sacrifice ? Il est grand temps d'enrayer l'épidémie qui conduit la patrie à la mort.

Je ne veux pas terminer sans adresser des remerciements cordiaux à ceux qui ont bien voulu mettre si aimablement à ma disposition leur savoir et leur talent. Je saluerai particulièrement ici M. Besnard, l'artiste alençonnais au burin duquel je dois la couverture de cette brochure, la mémoire du modeste et inépuisable savant que fut M. l'abbé Letacq qui fit profiter, avec une obligeance désintéressée, les publicistes que la guerre amena à Alençon, de sa connaissance profonde de la région alençonnaise, M. Turpin son disciple dont les loisirs sont si utilement remplis, la pittoresque mémoire de M. Sergent qui m'ouvrit sa bibliothèque avec complaisance et m'aida dans la recherche des documents, les érudits abbés Tessier, curé de Montsort, et Germain-Beaupré, curé de Saint-Denis-sur-Sarthon, qui sont bien représentatifs de cette laborieuse phalange de chercheurs et d'érudits que le clergé provincial fournit largement à la science, les habitants des villages entourant Chaumont qui m'ont aidé de leurs traditions orales et me permettront de leur témoigner mon meilleur souvenir et de leur rendre hommage dans la mémoire de l'un des leurs, le respectable M. Saillant père, de Saint-Denis-sur-Sarthon.

LA BUTTE CHAUMONT

I

Le cône de Chaumont attire les regards de tous les points de l'horizon. Des environs de Mortagne et du haut de la cathédrale du Mans, certains affirment même des tours de celle de Chartres, la structure grise de ce pain de sucre se profile dans les brumes lointaines de la Basse-Normandie, sa masse se dresse isolée, imposante, et énigmatique.

Chaumont est bien connu des voyageurs de cette région. L'abbé Gautier écrivait à la fin du XVIIIe siècle : « Je ne vois aux environs d'Alençon que quatre objets de curiosité : la butte Chaumont, l'étang des Rablais, les ruines de Saint-Cénery, le château de Lonray. »

Le massif se trouve à une douzaine de kilomètres au bord d'Alençon, ce n'est qu'une sentinelle avancée des collines de Normandie qui forment deux versants opposés vers la Manche et l'Océan ; il est relié au système principal d'Ecouves par la Roche-Elie (355 mètres) et le curieux piton de la Roche-Mabile, et au massif de Multonne, par les buttes du

Faoult, de Montarbout (290 mètres), de Beau-
chêne (305 mètres) situées entre Saint-Denis-sur-
Sarthon et Gandelain.

L'abbé Gautier croyait que cette montagne était
la plus élevée de Normandie et le géomètre Cassini
l'utilisa pour des triangulations, mais les travaux
pour l'établissement de la carte ont démontré qu'il
n'en était rien, qu'elle n'atteignait qu'une hauteur
de 378 mètres et que certains points d'Ecouves
comme la Verrerie (417 mètres), le carrefour à
Madame (408 mètres), ainsi que deux hauteurs de
la forêt de Multonne : le mont Souprat (385 mètres),
et le signal des Avaloirs (417 mètres) ont une attitude un peu supérieure. C'est que la position de
Chaumont, sa forme escarpée, son isolement, lui
donnent une perspective bien autrement puissante.

Cette contrée accidentée est incontestablement
belle avec la brusque transition de ses sites, tour à
tour imposants et âpres. Tantôt ce sont des arbres
tourmentés par les vents, des bruyères desséchées
par le soleil, un chaos de rocs à pic et de granit
accumulés comme par la main capricieuse de quelque
géant, d'autres fois c'est la lande dénudée, brû-
lante, sans ombre, infertile et sauvage, souvent
aussi au bas du sentier, c'est une petite rivière très
fraîche, serpentant, à l'ombre des grands peupliers,
au travers des prés verts et odorants qui sont en
même temps des pâturages plantureux et riches.

La Butte Chaumont de Cuissai

On a beaucoup parlé de la beauté pittoresque des Alpes Mancelles qui se trouvent un peu plus au sud ; il y a certainement dans le massif d'Ecouves des paysages qui ne leur cèdent en rien et qui, pour être moins recherchés du touriste, sont tout autant la joie des yeux.

II

Chaumont appartenait au XIe siècle à Roger, sire de Montgomery et à Mabile de Bellême, son épouse, qui firent construire le château et la ville de La Roche-Mabile. La Roche-Mabile et le bien de Robert de Bellême, leur descendant, furent donnés vers 1117 par le roi d'Angleterre à son neveu Thibault, comte de Blois, qui les céda à Etienne, comte de Mortaing, son frère. Alors qu'on relève que, dans les actes de donation qu'il fit vers 1190 à l'abbaye de Perseigne, Guillaume, baron de La Roche-Mabile et fils du comte Jean d'Alençon, ne prend d'autre titre que celui de seigneur de La Roche-Mabile, il n'est question pour la première fois de Chaumont dans les documents qu'en janvier 1220, dans un acte par lequel les héritiers du comte d'Alençon cèdent au roi Philippe-Auguste, soit de gré, soit par contrainte, Alençon et ses dépendances, les quatre paroisses de Héloup, Saint-James, Saint-Germain et Saint-Barthélemi, les bois d'Ecouves, de La Ferrière, de *Chaumont*, de la Roche-Eloy, avec obligation de faire démolir les fortifications d'Essey et de La Roche-Mabile à la réquisition du roi qui utilisait habilement toutes les circonstances pour réunir les grands fiefs à la couronne. Dans ce même acte, des héritiers de Robert partagent sa succession et La Roche-Mabile est attribuée à Emeric de Chatellerault.

Chaumont est ensuite donné en apanage en mars 1268 par Louis XI à Pierre, son cinquième fils, avec Mortagne, Mauves, Bellême, La Perrière, leurs appartenances et tout ce qu'il possédait dans le canton du Perche, Alençon, Essey, les forêts et tout ce qu'il possédait dans le comté d'Alençon, avec la Haute-Justice appelée Plaids de l'Epée pour en jouir, lui et ses descendants.

Puis le comté d'Alençon est plus tard à nouveau réuni à la couronne par suite de la mort du comte Pierre d'Alençon. Le roi Philippe III le Hardy le donne en mars 1284 à Charles, son troisième fils, il servira désormais d'apanage aux princes du sang.

Plus tard, en 1345, le roi de France s'empare du comté de Montfort l'Amaury, héritier de Bretagne, et donne au comte d'Alençon la chatellenie de Laigle, mais celui-ci est obligé de la rendre avec la forteresse de La Roche-Mabile qui est maintenant

une place importante par son voisinage de la Bretagne. Nous sommes alors au début de la guerre de Cent ans et bientôt le pays sera effroyablement ravagé par les armées belligérantes et les Grandes Compagnies.

Il est encore question de Chaumont dans l'inventaire que fit faire de ses biens après 1356 Marie d'Espagne, comtesse d'Alençon. Nicolas de la Vente et Adam Verdeley furent chargés par elle de faire la réformation de ses forêts, tant dans le comté d'Alençon que dans celui du Perche. Ils se firent représenter les titres de ceux qui prétendaient y avoir quelques droits, ils enquêtèrent des droits de ceux qui les avaient perdus ou qui ne jouissaient qu'en partie d'une possession immémoriale et consignèrent leurs recherches dans un régistre intitulé *Livre de Marie d'Espagne*, remis à la Chambre des Comptes de Paris et dont un extrait concernant les forêts d'Ecouves et de Bourse fut inséré dans le recueil de Quentin Vavasseur, déposé au bureau des Finances d'Alençon.

« Les bois de Chaumont, Rochelys et de la Haye lesquels sont assis ès paroisses de La Roche-Mabile, Livaie, Saint-Denis, Cuissay » furent vendus moyennant trois mille livres à Antoine de Vassey, baron de La Roche-Mabile par haut et puissant prince François d'Orléans, marquis de Rothelin, comte de Neufchâtel et de Montgomery, suivant contrat du

1er juin 1539 passé devant Mes Batonneau et Meau-
peou, notaires au Chatelet de Paris.

Le 21 mars 1570, Jean de Vassey rend aveu à
François de Montgomery et le 20 juillet 1615 Lancelot dit Grougetel de Vassey fait hommage et sou-
mission pour les mêmes bois.

En 1667, ils appartenaient au marquis de Vassey,
baron de La Roche-Mabile (registres de réformations
des Eaux et Forêts). En 1832 ils appartenaient à
Mlle de Courdemanche et sont actuellement la propriété de M. Achille Fould, demeurant au château
de Verveine, commune de Condé-sur-Sarthe.

III

La Butte Chaumont n'offre pas sur ses flancs de
curiosités minéralogiques d'un intérêt particulier.
Néanmoins son ascension s'impose au géologue. De
ce belvédère, il sera admirablement placé pour étu-
dier le relief du pays.

Les grands mouvements orogéniques qui prési-
dèrent à la formation de la région se produisirent
au cours de l'Ere primaire. La mer la recouvrait
alors entièrement. Les couches précambriennes émer-
gèrent les premières, constituant de leurs schistes de
couleur sombre ou phyllades l'assise de nos collines

qu'au début de la période silurienne, la poussée huronienne dressa. Les eaux ordoviciennes les submergèrent ensuite de leurs dépôts sableux et argileux alternés qui, plus tard, se transformèrent en grès ou schistes. Une nouvelle poussée fit exonder presque tout le pays. Le massif silurien d'Ecouves et ses ramifications : butte Chaumont, massifs de Multonne, d'Héloup et de Perseigne, etc. fut définitivement édifié par le plissement hercynien.

Un golfe, ouvert à l'est et fermé à l'ouest, semble avoir, dès le début, séparé la butte Chaumont d'Ecouves. « La butte Chaumont, dit Letellier, formait alors un massif compact avec le piton de Mabile et Roche-Elie. Plus tard une profonde fracture sépara la Roche-Elie d'Ecouves ; une autre, la Roche-Elie du piton de Mabile et de Chaumont ; une troisième, Chaumont de la Roche-Mabile. », Le ruisseau de Fontenay et le Sarthon se frayèrent un passage au milieu des cassures.

Survinrent à la même époque et à l'Ere secondaire de nouveaux bouleversements : éruptions porphyriques et granitiques (Fontenai, Condé, Saint-Céneri, La Lacelle), retraits et retours offensifs de la mer (dépôts dévoniens de Saint-Nicolas, bajociens de Lonray, bathoniens de Cuissai, calloviens de Damigny, crétacés de Saint-Denis et de La Ferrière), ils modifièrent l'aspect des terres précédemment émergées. L'Ere tertiaire et surtout l'Ere quaternaire virent leur désagrégation sous l'action de divers agents et l'encombrement de nos vallées par les alluvions.

Du sommet de la butte Chaumont, le géologue pourra situer les phases de tous ces grands événements. Il aura principalement une belle vue d'ensemble sur le détroit jurassique (altitude 125 à 163 mètres) compris entre les massifs anciens de Perseigne (204 à 340 mètres) et d'Ecouves (288 à 417 mètres) et qui fait communiquer la campagne de Caen, par les plaines d'Argentan, Sées et Alençon, avec la région du Saosnois. Il distinguera clairement les rivages accidentés des mers bajocienne, bathonienne et callovienne, parsemées de récifs.

« La butte Chaumont, dit Letellier, se compose d'une large base en forme de dôme et d'un piton conique et escarpé qui, de loin, semble posé sur le dôme. Ce dernier a de 2 à 3 km. de largeur et 300 mètres d'altitude ; le piton d'environ 80 mètres de hauteur est de forme ovale. Au bas, il a 1.000 mètres sur 600 ; en haut, 300 mètres sur 100.

« Le piton est tout en grès plongeant au sud-est, par conséquent, plus abrupt au nord-ouest, mais naturellement sans grès feldspathique.

« Le dôme ne montre que les éboulis ordinaires d'argile jaune et de blocailles anguleuses, d'une puissance énorme : encore plus de 1.000 mètres à 1.500 mètres à l'est du piton. Il repose sur les

phyllades qu'on voit à l'ouest et au sud à des atti-
tudes de 200 et 220 mètres e´ toute sa partie intérieure doit être en grès non altéré s'étendant fort
loin, en forme d'empattement, sur tout le pourtour. »

Le grès armoricain de la butte Chaumont est
blanchâtre, assez tendre, en quelques endroits il est
tacheté de rouge. Sur certains points il devient assez
dur (quartzite) et laisse apparaître quelques cristal-
lisations. Nous n'y avons pas trouvé de fossiles.
Il est exploité dans la carrière située au nord de la
butte pour l'empierrement des routes. Autrefois les
blocs quartzeux étaient transportés à la manu-
facture de Saint-Denis où, après avoir été passés
au feu et pulvérisés, ils servaient à faire l'émail de
la faïence.

Nous recommanderons au géologue de descendre
de Chaumont par la ligne forestière qui regagne la
route d'Alençon à Carrouges. En faisant environ
une centaine de mètres dans la direction de cette
localité, il rencontrera à sa droite la carrière du
Hamel ouverte dans un lambeau de grès dévonien.
Il aura la joie de trouver dans cette roche coblent-
zienne littéralement lardée de fossiles, des pleuro-
dyctium problematicum, des orthis Monnieri, des
encrines, des Leptoena Thisbe, etc...

Une visite aux anciennes minières situées entre
Saint-Denis et Saint-Cénery lui permettra de rap-
porter de beaux échantillons de minerai de fer

(hématite et limonite) qui alimentait autrefois la forge de Saint-Denis et d'un riche grès coquillier (¹).

IV

La végétation de Chaumont (elle a été étudiée par le savant abbé Letacq et le sympathique M. Turpin) n'a rien de remarquable, les flancs de la butte sont couverts de taillis de chênes rabougris et, même vers le sud, de sapins épais formant un mystérieux ombrage. Çà et là quelques hêtres aux bras noueux, des charmes, des genévriers et des houx au sommet, on a remarqué des cerisiers et des groseilliers, plantés autrefois par l'ermite et retournés à l'état sauvage. Dans les sous-bois de grandes bruyères, des genêts, des fougères, des lichens, des mousses, et surtout, à la saison propice, une extraordinaire éclosion de champignons de toutes formes et de toutes couleurs dont certains feraient les délices d'un gourmet.

Les ifs de Chaumont méritent toutefois une mention spéciale. L'if qui était encore très répandu en France du temps de César ne s'y trouve plus qu'à

(¹) Cette esquisse géologique de Chaumont est due à M. Turpin qui est un disciple du regretté M. Letacq.

l'état de dissémination présentant ainsi le caractère d'une espèce en voie de disparition.

Dans nos régions de l'ouest en particulier on ne le voit plus guère aujourd'hui à l'état spontané.

Dans le département de l'Orne on ne le trouve qu'en Ecouves sur la butte Chaumont et en Andaine. M. Gentil affirmait qu'on ne le voyait dans aucune forêt de la Sarthe et Mgr Léveillé ne l'indiquait pas non plus dans la Mayenne, du moins à l'état spontané.

M. l'abbé Letacq, dans une note parue dans le deuxième bulletin de la Société d'Horticulture de l'Orne pour l'année 1910, étudie ces ifs de Chaumont et en signale six exemplaires au sommet de la butte. Un plus ancien vers le Saut-à-la-Dame aurait un siècle et demi d'existence. Quelques autres pieds se voient dans les taillis voisins.

La végétation du sommet de la butte doit être récente car on y trouve peu de beaux arbres quoique l'exploitation des coupes y soit extrêmement difficile, on voit, surtout vers le sommet, de larges espaces de rocs sans autre végétation que des lichens et l'origine du mot Chaumont — calvus mons, chauve mont — n'indiquerait-elle pas que naguère notre montagne était complètement dénudée ?

Et pourtant de ce massif surgit le ruisseau de Cuissai qui traverse l'étang de Glatigny, passe à Cuissai, coupe la ligne du chemin de fer d'Alençon à Domfront, entre les gares de Saint-Denis et Lonrai, baigne le parc de Verveine et vient grossir la Sarthe au sud de Condé après avoir reçu le ruisseau de Pierre-Plate qui vient du Piserot, au sud de Chaumont, et sert de limite entre Cuissai et Pacé, tandis qu'au nord serpente le ruisseau de Roche-Elie qui va grossir à La Roche-Mabile cette petite et riante rivière du Sarthon qui traverse Saint-Denis et, avant de gagner la Sarthe, suit le chemin des écoliers et s'amuse à serpenter dans les prés verts et sous les pommiers en fleurs.

V

Dans son étude sur la forêt d'Ecouves, l'abbé Mesnil donne des détails intéressants sur l'ancienne faune de Chaumont.

Il y a deux siècles, le chat sauvage habitait la forêt d'Ecouves et l'abbé Mesnil cite comme preuve le nom de Buisson-au-Chat donné à un triage de la garde de Radon. Il se trouvait également à Chaumont puisqu'un roc porte le nom de Pierre-au-Chat.

Les loups furent très communs dans la forêt jusqu'au milieu du XIXe siècle; les vieillards sous Chaumont se souviennent très bien d'avoir entendu

Chaumont l'hiver, vue prise de La Roche-Mabile

le loup hurler dans le bois à la tombée de la nuit. Cet animal est aujourd'hui disparu, la dernière capture est celle d'une louve pesant 40 kg., prise le 22 décembre 1888 sur la butte Chaumont. Selon le savant M. Letacq, il y a moins de cent ans, on voyait encore quelques grandes espèces d'oiseaux : l'aigle Jean le Blanc, le Milan royal, le Grand Corbeau. En 1921 un pharmacien de Sées exposait un aigle Jean le Blanc de 1^{m}98 tué en Ecouves.

Le cerf, le chevreuil, le sanglier surtout, y sont toujours nombreux. Les cerfs furent très rares pendant que les loups habitaient la forêt, ils y furent importés en 1857 par M. Rottier de Verveine.

Avant la guerre on chassait beaucoup ce gros gibier, depuis des entreprises plus belliqueuses ont accaparé l'activité des chasseurs et ces bêtes se sont multipliées au grand désespoir des riverains dont les cultures en ont fort souffert. Par contre la présence de renards a rendu assez rare la présence du petit gibier et les poulaillers en ont sérieusement souffert ; on remarque également quelques fouines.

Les oiseaux sont assez nombreux : engoulvents, geais, grives, corbeaux, pinsons, rouge-gorges, moineaux, et les insectes encore plus : les fourmis y élèvent des colonies dont la prospérité est troublée par les faisans qui en sont les grands destructeurs et dans l'été 1917 le Poste de D.C.A. fut fort incommodé pendant plusieurs jours par un nuage d'insupportables fourmis volantes qui s'infiltraient partout en rangs serrés et dont une pluie seule parvint à avoir raison. Chaumont a procuré bien des satisfactions naturalistes à M. Letacq, les papillons du sommet de la butte sont très variés et il est très facile d'en faire une superbe collection de toutes les nuances et des dessins les plus divers.

Malheureusement les bruyères donnent l'hospitalité à de trop nombreux reptiles, lézards et autres ; M. Letacq y a compté neuf espèces de serpents, et précisément l'une des plus dangereuses abonde : la vipère rouge, dont le fourreau noir porte de si beaux dessins multicolores, analogues à ceux de ces cols bulgares que l'on trouvait dans le commerce vers 1914 ; on la rencontre sur le bord du sentier, elle siffle et se dresse prête à bondir au passage, il faut la détruire à l'instant.

VI

Si le climat de Chaumont est incontestablement plus dur que dans la plaine, c'est que son sommet est continuellement exposé à tous vents, l'hiver y est très froid et celui de 1917-1918 fut particulièrement rude. Le vent nord, qui pourtant l'été y entretient une brise fort agréable, souffle l'hiver

avec violence et accumule la neige sur le flanc nord de la butte. Cette neige tombe plus épaisse et séjourne plus longtemps qu'ailleurs, commencée en décembre 1916 elle resta sur le sol jusqu'au début d'avril 1917 où il se produisit encore des tourmentes de neige ; elle ne reprit qu'en janvier 1918 et en février où elle resta chaque fois deux ou trois semaines.

De Chaumont on a pu assister à des spectacles météorologiques très curieux. L'hiver, la plaine restait des journées entières dans un brouillard épais alors que le sommet de la butte était ensoleillé, on avait ainsi l'impression d'un magnifique paysage polaire où le brouillard formait à perte de vue comme une immense et brillante mer de glace d'où émergeaient çà et là des terres qui semblaient des îlots et qui étaient les hauteurs d'Ecouves, de Souprat, et des Alpes Mancelles.

Dans les bois le printemps apparaît vite, en une quinzaine de jours les dernières feuilles sèches tombent et les arbres maigres et dénudés se couvrent d'un vert feuillage. C'est l'époque des premières chaleurs et aussi des incendies. Le printemps 1917 vit flamber des hectares de bois dans les forêts de Multonne, de Monnaye et d'Ecouves ; une allumette jetée par un fumeur imprudent, peut-être aussi la malveillance, suffisent à déchaîner le fléau, le feu s'empare des feuilles sèches et des bruyères,

il chemine et, poussé par le vent, s'étend furieu-
sement en grondant, les flammes atteignent plusieurs
mètres de hauteur, des colonnes de fumée touchent
les nuages, une odeur âcre envahit l'atmosphère,
la nuit, des reflets sinistres zèbrent le ciel, c'est un
mur terrifiant qui s'avance en dévorant tout : arbres
sur pied, animaux en fuite ; il anéantit parfois les
fermes qui sont à la lisière des bois ; on n'en a raison
qu'en creusant des tranchées et en créant une zone
sans végétation où il viendra expirer faute d'aliment.

Chaumont est un bon baromètre très facile à
consulter, les vents du nord sont secs et froids,
ceux de l'est plus froids encore, ceux du sud plus
doux, mais neigeux en hiver et un peu humides en
été, tandis que ceux de l'ouest sont chauds et
amènent toujours la pluie.

Quand l'eau est pour tomber, le sommet de la
butte disparaît dans un brouillard fort désagréable
pour ceux qui s'y trouvent, les gens du pays l'ap-
pellent le chapeau de Chaumont et répètent le
dicton :

> *Quand Chaumont a son chapeau,*
> *Voyageur, prends ton manteau !*

L'été amène de fréquents et violents orages ; des
bas-fonds, on aperçoit comme une colonne de fumée
sortir du sol et s'élever vers le ciel que bientôt les
éclairs sillonnent de toutes parts et le tonnerre

éclate. C'est un bien beau spectacle lorsque, perché entre ciel et terre dans l'observatoire, le vent souffle avec rage et qu'on voit à l'entour de soi, et même parfois en dessous, l'air qui s'embrase, on est pris dans le nuage chargé de fluide qui entre en contact avec la terre en atteignant Chaumont. C'est vraiment féerique et il n'y a certainement aucun danger à rester là car le tonnerre tombe toujours sur les flancs et au pied de la butte. Cela dédommage des maussades brouillards messagers de la pluie.

On a imprimé dans des revues scientifiques, au cours de la guerre, qu'on avait entendu à Chaumont le canon du front. Les vents du sud ont toujours apporté le bruit des tirs du camp d'Auvours avec une intensité supérieure à celle qu'on pouvait constater au Mans même. Quand le vent était nord nous entendions également des détonations qui devaient provenir du polygone d'essais que Schneider avait installé à Harfleur. Quand il était nord-est, donc par conséquent en direction du front, nous avons enregistré des tirs continus, des canonnades plus ou moins sourdes et même nocturnes, pendant longtemps on a pu les identifier avec une recrudescence d'activité d'artillerie signalée aux communiqués d'état-major, mais à la suite de l'avance allemande du printemps 1918 le front se rapprocha et, à partir de la fin de mai, on entendit nuit et jour, surtout la nuit et très nettement, le roulement du canon ; il n'y eut plus de doute, il provenait bien du front.

VII

Les dimanches ensoleillés de mai, les habitants d'Alençon viennent souvent en excursion à Chaumont. Les uns enfourchent leurs vélos, d'autres attellent leurs voitures, les plus heureux prennent leur auto et, qui par la route de Bretagne ombragée de grands arbres, qui par la route plus tranquille de Lonray et de Cuissay, se mettent en marche vers la butte alençonnaise. D'autres encore prennent le train et débarquent en foule sur le quai de la petite gare de Saint-Denis.

Il y a plusieurs moyens d'aborder la butte, on peut passer par le village du Piserot, qui a de vieilles constructions du XVIIe siècle et une fontaine renommée pour la vertu de ses eaux, traverser les champs décorés par les pommiers fleuris pour gagner la ligne de ceinture à travers bois ; on peut encore prendre la première allée qui se trouve à droite de la route d'Alençon à Carrouges ou bien celle qui part un peu plus loin sur cette même route qui mène au curieux village de La Roche-Mabile,

L'allée de Ceinture

et contourner l'enclos du châlet de chasse par un sentier qui tombe dans une belle allée bordée de sapins qui mène droit au Saut-de-la-Dame ; on peut également s'engager par les allées qui partent du château de Glatigny ; toutes aboutissent en ligne droite à une allée circulaire, appelée allée de ceinture, qui fait le tour de la butte Chaumont.

En prenant les allées qui viennent de Glatigny, on arrive au pied de la Pierre-Forestière, qui est un curieux monolithe qui semble avoir roulé du sommet de la butte ; on dit aux petits garçons du pays quand ils ont une petite sœur, que leurs parents sont allés la chercher sous ce rocher où pousseraient des bébés comme des champignons, mais les petits garçons du pays ne le croient pas toujours. Un peu plus loin, sur cette allée de ceinture, se trouvent d'autres rochers sur lesquels les chevreuils et les cerfs s'efforcent de grimper ; en continuant vers l'ouest on trouve à droite une petite fontaine qui ne tarit pas et où viennent s'abreuver les chiens au cours des chasses.

Enfin nous arrivons au Saut-de-la-Dame, puissant rocher qui surplombe le vide et dont les excursionnistes qui ont l'habitude des Alpes Mancelles et autres entreprennent bravement l'ascension. Mais pour le moment nous ne ferons pas montre de prouesses ascensionnistes et nous irons visiter, à cent mètres de là, la carrière où le flanc de Chaumont montre à vif un invraisemblable éboulis de rochers dont il faut se garder d'entreprendre la conquête sous peine de voir le sol manquer sous soi et de descendre meurtri, pantelant et repentant dans un nuage de pierres et de graviers. Le paysage est âpre et dénudé, ce n'est seulement que tout là-haut, sur la crête, que quelques sapins et genévriers ont réussi à prendre racine. C'est à croire que quelque géant qui avait du temps à perdre s'est amusé à casser avec un maillet puissant le rocher de la butte pour le transformer en moellons ; le plus curieux est la disposition de ces pierres dans la partie de la carrière où l'industrie de l'homme n'a pas achevé le travail du géant, les pierres sont tassées et triées par ordre de grosseur, les plus petites se trouvant au fond et les grosses déposées à la surface.

Quatre sentiers mènent au sommet de la butte dont il ne faut pas négliger l'ascension, l'un prend à côté de la Pierre-Forestière, un autre à côté des autres rochers voisins, le troisième, à l'usage des alpinistes, à côté du Saut-de-la-Dame, les gens prudents prennent le quatrième qui est le meilleur et qui monte en lacets à l'ombre des sapins, c'est l'ancien chemin de l'ermitage et, avant d'arriver au sommet, on remarquera des levées de terres et de pierres qui sont les vestiges d'anciens retranchements assez mystérieux.

D'ailleurs l'ascension n'est pas très longue, sans

doute on arrive fort essoufflé là-haut, mais on y est dédommagé par une brise bienfaisante, des coins charmants sous la futaie, sans oublier les curiosités : le jardin et le puits de l'ermite, les ruines de l'ermitage, la forteresse, la vasque, le calvaire, autrefois l'observatoire et si on a apporté quelques provisions, on pourra y faire une collation charmante.

VIII

Le panorama de Chaumont est un des plus beaux de la Normandie ; du haut de l'Observatoire la vue s'étend sur la forêt d'Ecouves, les valonnements du Perche, la Basse-Normandie et tout le Haut-Maine.

Au sud, voici Alençon dont les toits reflètent la lumière avec la verrière de la Halle au Blé, qui brille comme un phare quand les rayons du soleil viennent s'y jouer. Cette ville est la reine d'une plaine fertile avec ses pommiers, ses prés verts, ses champs dorés, ses villages : Pacé, Saint-Denis, Condé, Cuissai, Lonray, Colombiers, Damigni, enfouis dans la verdure.

Là-haut, perché sur la première crête qui n'est autre que les Alpes Mancelles, voici Héloup, Champfleur, et le château de Courtillole, si bien situé aux abords de la magnifique forêt de Perseigne qui encadre la plaine.

La vue s'étend bien au delà de ces premières crêtes qui sont limites naturelles du Maine. Quand le ciel est clair, on distingue par-dessus la forêt de Perseigne des terres qui seraient la région de Bonnétable. Parfois plus à droite, la ouate blanche d'une petite fumée parcourt bien lentement l'horizon, c'est le train du Mans qui relie les bords enchanteurs de la Loire aux grasses prairies de la Normandie, et, avec des jumelles, on reconnaîtra le château de Ballon, plus loin, — il n'y a pas à s'y méprendre, — la masse grise de la cathédrale du Mans et même, si la limpidité de l'atmosphère s'y prête, on distinguera encore au delà quelques hauteurs qui doivent être celles d'Auvours, à plus de 60 km. de la butte, puisque Le Mans est à 52 km. et que du sommet de la cathédrale on y remarque facilement Chaumont.

Mais, abandonnons ces horizons infinis pour jeter nos regards sur les Alpes Mancelles. Cette coupure, à droite de La Ferrière-Bochard, est la magnifique vallée de la Sarthe entre Saint-Cénery et Saint-Léonard, les Sarthois en sont très fiers et ils ont bien raison. Au pied s'étend la Mayenne avec la petite ville de La Poôté, au delà de Saint-Denissur-Sarthon et de ses deux châteaux. Les terrains vont en s'étageant jusque dans la région de Bais, où l'horizon se ferme sur les Coëvrons avec la forêt de Sillé, d'où, à la fin de 1917, on remarquait les fusées éclairantes du camp d'instruction, le mont

Rochard qui se dresse tant qu'il peut sans parvenir à égaler Chaumont, et la forêt de Pail.

A l'ouest, l'horizon n'est pas aussi étendu, il se trouve masqué par les hauteurs de Souprat auxquelles se trouve accroché le château du Tapis-Vert et le signal des Avaloirs qui manque d'allure malgré ses 417 mètres. Le dernier contrefort cache Pré-en-Pail, la futaie qui est au pied est celle du château de La Lacelle et les hauteurs qui sont au delà sont vers la vallée de la Haute-Mayenne avec Couterne et Bagnoles.

Au nord le panorama est plus sauvage, au pied de la butte, voici le vieux bourg de La Roche-Mabile et le piton que contourne la boucle du Sarthon porte encore les restes d'un vieux château féodal ; un peu plus loin les deux rochers jumeaux de la Roche-Elie ; dans la coupure on remarque l'église de Livaie et la vallée de Fontenay pendant qu'au loin on aperçoit la limite de la forêt d'Ecouves vers la lande de Goult et le bourg de Carrouges, mais la plus grande partie du panorama est tenue par la forêt d'Ecouves ; elle se vallonne au pied de Chaumont pour se dresser avec la Croix-Madame par-dessus laquelle le signal d'Ecouves montre sa tête dans le lointain. C'est une verdure peut-être d'un ton trop uniforme au printemps, mais à l'automne, lorsque les feuilles ont acquis leurs teintes chaudes, c'est une magnifique palette qui parcourt la gamme des couleurs du jaune tendre à l'ocre foncé, les rayons délicats et changeants du soleil couchant viennent danser sur ces masses d'arbres ondulés mollement par la brise ; le spectacle est magnifique et à la joie des yeux, le calme du soir dans ces bois ajoute la quiétude de l'âme.

A l'est, la forêt d'Ecouves se termine à Radon, plus près de nous, nous avons pu remarquer l'église solitaire de Saint-Nicolas-des-Bois et les pins du château de Glatigny. Au delà s'étend cette grande et belle plaine couverte de cultures et de villages où commence le Perche. Naguère on distinguait Mortagne par une haute tour blanche qui servait de clocher, un incendie a détruit cette tour et on ne voit pas la ville qui est cachée par un repli de terrain. L'horizon se termine par la vallée du Perche, les flèches de la basilique de Montligeon, les monts d'Amain qui sont à 35 km. et les environs de Sées, entrevus par-dessus le massif d'Écouves.

C'est donc un panorama circulaire d'une centaine de kilomètres d'étendue dans sa plus grande largeur dont on jouit du sommet de Chaumont. Mais dans nos contrées humides de l'Ouest, l'atmosphère n'est pas toujours suffisamment limpide, pour avoir une vue complète, il faut attendre la fin d'avril et, avec octobre, les bonnes observations deviennent de plus en plus difficiles.

Malgré l'intérêt du site, on ne signale aucune

gravure ni peinture concernant Chaumont, qui ne semble même pas avoir attiré l'attention des grands artistes qui séjournèrent dans la contrée au cours du siècle dernier.

L'un des fameux graveurs alençonnais, Godard, celui-là même, je crois, dont le concours fut recherché par Balzac et qui provoqua les voyages de l'incomparable romancier à Alençon, avait sa maison de campagne à Rance où il mourut ; dans ses recueils on ne trouve aucune vue de Chaumont et ses gravures d'ermitages sont toutes conventionnelles et sans intérêt.

Corot vint à Alençon en 1853, 1854 et 1855, il renonça à villégiaturer à Saint-Cénery à cause du manque de confortable de l'auberge locale, mais fit des études à Saint-Germain-du-Corbéis, au petit étang de Badoire, sur le chemin qui mène de la route de Carrouges au petit village de Bourdon qu'il affectionnait particulièrement.

Quant au paysagiste Harpignies, il ne paraît pas s'être écarté de la région de Saint-Cénery et de Saint-Léonard.

LES RETRANCHEMENTS DE CHAUMONT

I

Si l'on parcourt le sommet et le flanc de Chaumont, on remarque dans les broussailles des levées de pierres sèches ou de terre dont la disposition régulière et l'aspect dénoncent la main humaine.

Ces travaux sont importants et sont restés inaperçus parce que les déboulements et leur envahissement par les bruyères et les broussailles les ont rendus peu apparents ; ils n'attirent pas l'attention comme les belles constructions en pierres massives qui caractérisent l'art militaire du Moyen-Age et des époques ultérieures, ils présentent un vague remblai, l'aspect d'un chemin encaissé qu'on a abandonné et dans lequel le taillis a poussé ; quand on a trouvé ce remblai, il faut le suivre soigneusement, alors tout le système se révèle et on éprouve les joies et les espérances du chasseur qui a trouvé une bonne piste.

Le système comprend une forteresse centrale et une enceinte extérieure.

Le réduit central n'est pas établi à l'endroit le

plus élevé de Chaumont mais un peu à l'est où le terrain se prête mieux à l'organisation. Dans son ensemble il a l'aspect d'une grosse guêpe posée sur un fruit. Deux levées en pierres sèches très éboulées et disposées en pinces enserrent le chemin qui aboutissait à l'Ermitage. Ce chemin pourrait donc avoir une origine contemporaine à la forteresse.

Sur la plate-forme où se trouvent les ruines de l'Ermitage, et qui forment le corselet de l'insecte, les parois à pic au nord et au sud forment une défense toute naturelle ; aucun vestige militaire n'est à fleur de sol, c'est à l'ouest de cette plate-forme et légèrement en contre-bas, dans ce qu'on appelle la futaie de l'Ermitage — et qui représente l'abdomen de la guêpe —, qu'on trouve les restes les plus importants. L'ensemble donne sur le plan la figure d'un portique cintré, ce qui a fait écrire, au XVIIIe siècle, par un esprit curieux, que l'enceinte était circulaire.

La levée de pierres sèches qui regarde le nord a une longueur de 60 mètres environ, elle est assez éboulée pour former un chemin de deux à trois mètres de largeur, l'escarpement naturel sert de fossé et, avant de s'incurver à l'ouest, une levée d'une dizaine de mètres est en sentinelle avancée.

A l'ouest la levée est mieux conservée, le fossé est net et a encore ses deux mètres de profondeur sur une largeur de deux. En avant deux lignes de blocs de pierres sont disposées en équerre. La levée qui est recouverte de terre a une longueur de cinquante mètres et une ouverture laisse passage à l'étroit sentier qui gagne le Saut-à-la-Dame, à 280 mètres de cette porte.

La partie sud, qui a quarante mètres de longueur, est de beaucoup la mieux conservée, le fossé atteint trois mètres de profondeur. Une excavation extérieure de douze mètres de diamètre sur quatre de profondeur peut exercer la sagacité des chercheurs et se trouve flanquée d'une levée d'une vingtaine de mètres ; dans deux ou trois endroits, on remarque l'entassement régulier des pierres.

L'est, qui a une longueur de quarante mètres, est assez chaotique ; on remarque aussi l'entassement régulier des pierres à certains endroits, mais le fossé s'interrompt et, de ce fossé protégé par un ouvrage avancé, part le chemin encaissé qu'on voit sur le plan et qui gagne la porte sud de l'enceinte extérieure.

On relève donc très nettement les murailles extérieures, quant à l'intérieur, c'est le chaos à peu près complet, on remarque çà et là des tas de pierres qu'on est très embarrassé pour interpréter, une excavation de quelques mètres de profondeur est indiquée sans raison, semble-t-il, comme étant le puits de l'ermite ; un peu de déblaiement apprendrait sans doute quelque chose.

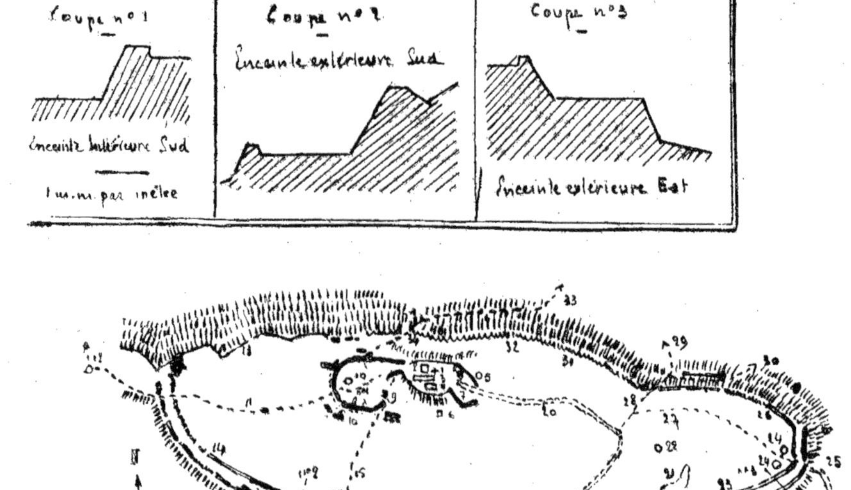

Coupe n° 1
Enceinte intérieure Sud
1 m. m. par mètre
Coupe n° 2
Enceinte extérieure Sud
Coupe n° 3
Enceinte extérieure Est
Plan des
Retvanchements
de Chaumont
Échelle au 1/5000
0   50   100   150   200   250   300 m

LÉGENDE DU PLAN

DES RETRANCHEMENTS DE CHAUMONT

1. Croix Saint-Jacques.
2. Pylone d'observation.
3. Ruines de l'Ermitage.
4. Baraquement du poste de D.C.A.
5. Vasque.
6. Ancienne citerne.
7. Rempart d'entrée.
8. Enceinte intérieure.
9. Vestiges.
10. Puits de l'ermite.
11. Sentier du Saut-à-la-Dame.
12. Saut-à-la-Dame.
13. Carrières.
14. Remparts extérieurs ouest.
15. Sentier sud.
16. Porte sud.
17. Défense au sud.
18. Boulevard sud.
19. Saignée.
20. Chemin de Chaumont.
21. Pierre-au-Chat.
22. Excavations inconnues.
23. Défense au sud.
24. Excavations inconnues.
25. Porte est.
26. Rempart nord.
27. Sentier est et ancien chemin.
28. Sentier nord-est.
29. Vers l'allée de ceinture.
30. Vers la Pierre-Forestière.
31. Rempart nord.
32. Poterne.
33. Sentier nord.
34. Porte nord.

L'ensemble : tête, corselet, et abdomen de l'insecte présentent une surface de cinquante ares environ et un développement total de 415 mètres de remparts, 325 mètres sont certainement le travail de l'homme et représentent près de 2.000 mètres cubes de matériaux remués. Ces chiffres à eux seuls peuvent donner une idée de l'importance du camp qui était installé sur Chaumont.

L'examen de l'enceinte extérieure augmente l'impression qu'on a de l'importance de ces travaux, cette enceinte extérieure à mi-côte de Chaumont forme comme une double couronne qui enserre le mont et que l'on peut diviser en secteurs compris entre les sentiers anciens ou récents qui grimpent la côte.

Si l'on prend le sentier qui se dirige vers l'ouest et gagne le Saut-à-la-Dame, on rencontre cette enceinte défensive à deux cents mètres du réduit central et à 90 mètres du rocher légendaire. On peut se servir de ces remparts comme d'un chemin, quoiqu'ils soient encombrés par les taillis et les bruyères. Sur les bords du sentier ils sont peu réguliers, mais bientôt vers le sud on parcourt une cinquantaine de mètres de pierres sèches où, seules, quelques mousses ont pu trouver à vivre ; puis la terre recouvre les pierres, la végétation trouve sa nourriture et le remblai s'élève très caractéristique et régulier avec, çà et là, quelques éboulements qui, comme des blessures, laissent voir la structure interne et l'entassement des pierres.

Nous arrivons ainsi à la porte sud, car c'est à coup sûr une porte, cette saignée large de quatre à cinq mètres, protégée par deux pylones, avec sa sortie en chicane par laquelle passe un chemin encaissé maintenant envahi par les bois, mais qui a pu être relevé.

À cette porte sud finit le premier secteur, qui a 230 mètres, de rempart intérieur. Ce rempart intérieur est partout le plus important, le plus élevé, le plus solide, le mieux conservé ; le rempart extérieur n'est presque toujours qu'un simple talus, parfois éboulé et dont on perd la trace, c'est une défense préparatoire dont la construction a été négligée.

Le second secteur fait face au sud à 120 mètres du réduit central ; il part de la porte sud pour gagner, à 190 mètres de là, le chemin de l'Ermitage encore en usage et vers lequel les remblais sont en moins bon état. A une trentaine de mètres de la porte sud, le remblai est plus vigoureux sur une certaine longueur et forme un boulevard d'où les guerriers pouvaient être à l'aise pour lancer leurs armes de jet ou tirer les flèches ; un troisième remblai, à l'intérieur, renforce cette position à laquelle on semble avoir attaché de l'importance, et ce, avec raison, car Chaumont n'est bien accessible que par le sud et, à cet endroit, le rempart est rapproché de la forteresse. Près du chemin, la couronne intérieure porte une brèche de quelques mètres et le remblai extérieur fait subitement défaut, j'ai cherché en vain les traces d'un sentier à cet endroit.

Le chemin n'est protégé par aucun ouvrage spécial, sans doute n'a-t-il pris de l'importance qu'après la construction de ces remblais.

Un troisième secteur de 250 mètres comprend la partie sud-est de la butte. Les deux remparts continuent leur promenade autour de la butte, à dix mètres l'un de l'autre, passant devant la Pierre-au-Chat qui n'offre aucun vestige archéologique, puis s'incurvant en un chaos de pierrailles qui surplombe un lieu escarpé, ils se redressent pour gagner la porte est.

Cette porte n'est qu'un fossé de quatre mètres de large par lequel passait naguère une charrière prenant à l'embranchement du chemin de l'Ermitage et s'en allant vers le Puiserot. Il n'y a pas de chicane comme à la porte sud, mais à l'intérieur, de chaque côté de la sortie, on remarque deux de ces excavations que nous avons déjà rencontrées et qui ressemblent à des entonnoirs de torpilles qu'on voyait au front, ce qui n'est évidemment pas ça.

Le secteur nord est à 186 mètres. Partant de la porte est, il s'infléchit tout à coup, presque à angle droit, au pied de la Pierre-Forestière. C'est alors une levée abrupte de pierrailles, fort défensives ; le remblai extérieur n'existe plus, on ne le retrouvera que sur une longueur d'une cinquantaine de mètres au-dessus d'anciennes carrières assez pittoresques et sur le point d'aboutir à un petit sentier qui descend de Chaumont à cet endroit.

Au nord, le retranchement épouse plus intimement la forme du terrain, qui est tout à fait rude et même à pic en certains endroits. Sans aménagement, le versant est par lui-même fort défensif, aussi de ce côté s'est-on contenté d'une seule enceinte formée exclusivement par l'accumulation de rocs. En quittant le sentier du secteur nord-est, on suit la levée de pierres pendant 134 mètres pour aboutir à une petite poterne dont les issues n'ont pu être relevées. On fait encore 101 mètres et on trouve une ouverture de quelques mètres, qui laisse passage à un sentier partant de ce que nous sommes convenus d'appeler la forteresse et qui descend en corniche vers la Pierre-Forestière. A cet endroit, le retranchement extérieur s'est rapproché du sommet de la butte et n'est plus qu'à une cinquantaine de mètres.

Au delà de ce sentier, on peut relever encore environ 78 mètres de retranchements plus ou moins précis, ensuite nous avons les carrières de Chaumont qui sont à pic et qu'il n'était nullement besoin de fortifier.

En résumé, dans toute la partie sud de Chaumont, les retranchements sont doubles et forment une courbe fort régulière; sur le versant nord très accidenté, le retranchement ne consiste plus qu'en une unique levée si escarpée qu'on a pu sans danger la rapprocher de l'enceinte centrale.

Cette enceinte extérieure donne un développement total de 1.170 mètres et même 1.380 mètres si on ajoute la carrière. Cela dénote un camp assez important, car si on suppose la présence d'un combattant par mètre de rempart intérieur et extérieur, on peut évaluer la garnison à 1.800 guerriers au moins.

Quoiqu'aucun ciment n'ait été employé pour construire ces levées de pierres, elles pouvaient avoir une valeur défensive très sérieuse, si, comme il est probable, elles étaient renforcées de chausses-trappes et de rangées de pieux fixés en terre. C'est ce genre de fortifications qui a été utilisé par les belligérants lors de la conquête des Gaules et peut-être pourrions-nous dater ces vestiges de la période gallo-romaine et attribuer ce camp aux Celtes qui, lors de la conquête des Gaules, rassemblaient leurs huttes de bois et de terre sur les promontoires faciles à défendre et les entouraient d'un rempart de pierres brutes juxtaposées sans ciment et qu'on appelait oppidum.

En tout cas ce camp ne fut certainement que

Le Rempart extérieur du côté d'Alençon

temporaire, l'absence complète de vestiges d'habitation, la construction malgré tout rudimentaire de la défense donnent l'impression du provisoire. A cette époque, la butte devait être dénuée de végétations et on peut très bien se l'imaginer dressant son roc avec sa double couronne enfermant un campement de tentes et de charriots amenés par le vieux chemin de l'est.

II

La carence de documents a poussé les archéologues à émettre des opinions différentes sur ces pierres.

Un écrivain qui a une réputation d'esprit, l'abbé Gautier, qui fut curé de La Lande-de-Goult et professeur au Lycée d'Alençon où il mourut en 1829, avait remarqué ces retranchements :

« On trouve sur le sommet une grande enceinte dont le diamètre est de un hectomètre et qui est entouré de décombres d'anciens murs qui avaient d'épaisseur trois mètres douze décimètres quatre centimètres. Au milieu de cette enceinte, il y a encore une apparence de puits. A côté de la grande enceinte, on voit encore une autre plus petite éga-

lement environnée de décombres et qui a un diamètre de quarante mètres.

« Ces enceintes annoncent l'existence d'une forteresse tellement ancienne qu'il n'en existe aucun
mémoire. Un hermite s'établit sur les ruines d'un
ancien château dont l'emplacement devint un hermitage qui n'existe plus. La tradition du pays ne
remonte pas plus haut. »

Dans le rapport rédigé en 1834 par M. Galeron,
procureur du roi à Falaise, et concernant le relevé
des monuments historiques de l'arrondissement
d'Alençon, inspecté par une Commission dont il
faisait partie avec MM. du Touchet, de Brébison,
de Beaurepaire et de Vauquelin, on relève le passage suivant concernant Chaumont :

« A cinq cents pas du sommet, à l'est, on trouve
une première enceinte de pierres sèches avec des
traces de bastions qui annoncent une première
ligne de défense, parvenu au point le plus élevé,
une seconde enceinte du même genre, plus apparente, avec un large fossé au dehors, présente un
camp intérieur difficile à forcer. Enfin au point
central, on rencontre les fondements du donjon dont
les assises, formées de pierres de taille carrées, étaient
cimentées fortement à chaux et à sable. Un puits
aujourd'hui comblé était creusé sur cette hauteur,
ce qui complétait le système des plus anciennes
forteresses féodales.

« Chaumont se trouve à peu près à la lisière de la Normandie vers le Maine ; quand les Normands conquirent nos contrées, ils eurent de longues guerres à soutenir pour s'en assurer la jouissance et, pendant plusieurs siècles, les Manceaux furent tour à tour leurs ennemis ou leurs alliés.

« Une garnison placée sur la butte Chaumont aura dû être destinée à prévenir toute attaque sur cette partie de la frontière. C'est donc aux premiers Normands que nous faisons remonter les ouvrages que nous avons remarqués sur ces hauteurs. Les Romains et les Francs eurent pu s'y établir antérieurement, mais ce genre de fortifications ne semble pas leur appartenir. Nous avons vu à deux lieues plus loin, sur le Maine, la forteresse de Narbonne, près de Saint-Léonard-des-Bois, défendue d'après le même système. Narbonne aura été pour les Manceaux ce que Chaumont était pour les Normands. Les terrassements de Narbonne auraient même plus de rapport avec un ouvrage romain que ceux de Chaumont. »

Il y a un peu d'imagination dans le rapport de M. Galeron, l'installation des Normands à Chaumont n'est qu'une hypothèse et ce qu'il a pris pour les restes d'un donjon n'était que les ruines de l'Ermitage. Cependant, de nos jours, M. Henry Onfroy prétend que ce sont bien les Normands qui établirent ces retranchements.

M. de la Sicotière, le savant archéologue alençonnais, connaissait bien Chaumont et, dans sa
belle publication *L'Orne Archéologique et Pitto-*
resque (page 28), il s'exprime ainsi sur les retranchements :

« A cinq cents pas du sommet de la butte Chaumont, on remarque une double ligne de fortifications.

« La première commence à un escarpement fort
abrupt, connu sous le nom de Saut-à-la-Dame ; à
côté de cet escarpement une rampe de terre allait
rejoindre la butte à la plaine qui sépare Saint-Denis
de La Roche-Mabile. Aussi le retranchement avait-il
pris de ce côté une extension considérable et l'entassement des pierres y est-il beaucoup plus grand
et les pierres beaucoup plus grosses que partout
ailleurs. Un bastion rond renfermait les hommes
destinés à couvrir ce point.

« En avançant vers le nord, on rencontre un
second bastion de trente pas de diamètre, précisément en face du château de la Roche, après quoi
le retranchement s'interrompt dans une longueur
d'environ deux cents pas.

« Du reste les difficultés naturelles du terrain
dispensaient d'élever de ce côté des travaux de
défense.

« Nous avons laissé le retranchement à peu près
à mi-côte, nous le retrouverons plus loin se dirigeant

Le Rempart du côté nord

vers le nord. Avant d'arriver à Glatigny, on remarque le nouveau bastion. A la hauteur de Glatigny, il tourne brusquement vers l'est et ne présente plus une enceinte suivie, mais une série de lignes brisées sans suite et sans plan.

« Au sud, la butte était d'un accès facile et c'est de ce côté principalement que l'art avait dû venir au secours de la nature. Le mur y est donc fort élevé, et, dans certaines parties parfaitement conservées, il est appuyé d'une seconde ligne de défense et, comme si cette double ligne n'avait pas dû suffire, on peut voir au-dessus et au-dessous des amas de pierres qui semblaient indiquer l'existence de petits retranchements séparés destinés à fortifier le retranchement principal. Les lignes s'affaiblissent en rejoignant le Saut-à-la-Dame.

« Dans l'intérieur de cette première enceinte s'en trouve une seconde un peu mieux conservée, sur le sommet même de la butte, mais seulement dans la partie est, car la butte présente deux sommets bien distincts.

« Il nous serait assez difficile de déterminer d'une manière précise la forme de cette seconde enceinte. Elle s'allonge de l'est à l'ouest, en formant une sorte de parallélogramme du côté de l'ouest. Mais vers l'est sa configuration change entièrement et une sorte de renflement circulaire inclinant au midi se fait remarquer dans cette partie. Le mur du sud-est parfaitement intact et la trace des fossés est encore fort distincte.

. . . .

« Aux premiers Normands remontent les retranchements que nous avons décrits. Retranchements faits à la hâte, en pierres sèches, sans mortier ni ciment, retraite tout à fait provisoire et qui ne présente aucun des caractères de permanence et de stabilité. »

M. Germain-Beaupré fait fort convenablement remarquer qu'aucun de ces écrivains n'apporte de preuve historique et, dans une intéressante petite note sur Chaumont parue en 1917 dans l'agenda de M. Romet, il conclut ce qui suit :

« Il est bien probable que ce cône isolé qui commande et domine tout le pays, et d'où le regard plonge sur la ville et le château tout proches de La Roche-Mabile, fut stratégiquement occupé et utilisé, mais par qui, à quelle époque, et dans quelles circonstances et conditions ? »

III

Ce problème semble bien indéchiffrable lorsque, sur les indications de M. l'abbé Tessier qui s'est attaché à l'histoire de La Roche-Mabile, son ancienne

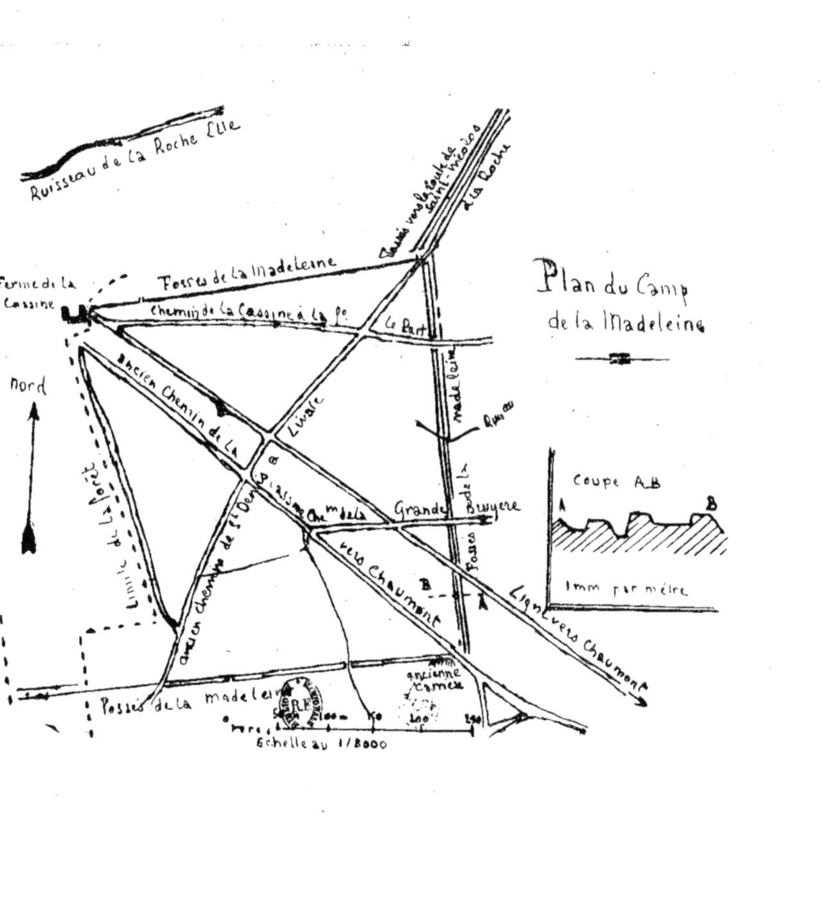

Ruisseau de la Roche Elle
Ferme de la Cassine
Fossés de la Madeleine
Chemin de la Cassine à la Fo.
Tracée vers la route de Saint-Méories
la Roche
Le Part
Plan du Camp
de la Madeleine
nord
Ancien Chemin de la
Livare
madeleine
Ruisseau
Limite de la forêt
ancien chemin de St Denis à la cassine
Ch. de la
Grande Bruyère
Fossés de la
Coupe A.B
A
B
vers Chaumont
B
A
Ligne vers Chaumont
1mm par mètre
Le Sarthon
ancienne carrière
Fossés de la Madeleine
100m
50
100
200
Échelle au 1/8000

paroisse, je fus visiter la ferme de la Cassine, ancien prieuré qui se trouve à la lisière du bois et qui pouvait présenter quelque intérêt pour les recherches sur Chaumont.

En suivant la ligne forestière qui conduit à cette ferme et à 520 mètres de l'allée de ceinture, mon attention fut attirée par des levées de pierres qui présentent beaucoup d'analogie avec celles de Chaumont et appelées dans le pays les fossés de la Madeleine. Elles forment un camp dont la partie la mieux retranchée est précisément disposée vers Chaumont.

Cette face est d'un tracé complètement rectiligne, a environ une longueur de 420 mètres et se compose d'un système de trois retranchements qui, quoique atteints par le temps, n'en sont pas moins très nets et même mieux conservés que ceux de Chaumont.

Le premier retranchement a 1^{m}50 de longueur sur 2 mètres de largeur, le second 2 mètres sur 2 mètres, celui qui se trouve à 4 mètres à l'intérieur est en pierres avec les dimensions du premier. Quelques ouvertures laissent passer les chemins qui aboutissent à la Cassine.

Le retranchement sud a une longueur de 500 m., il ne comprend que deux levées distantes de 10 m. et rejoint le Sarthon.

Le retranchement nord a 350 mètres et aboutit

à la Cassine. A sa jonction avec le retranchement est, passe un ancien chemin qui allait de Saint-Denis à la commune de Livaie. Un double retranchement suit ce chemin et aboutit à 400 mètres de là au ruisseau de la Roche-Elie qui est assez large et profond.

En résumé, ce camp forme un quadrilatère remarquablement régulier, appuyé à l'ouest sur le Sarthon et le ruisseau de la Roche-Elie, presque aussi important que le Sarthon. Là encore, comme à Chaumont, on ne trouve, à l'intérieur de l'enceinte, aucun vestige de construction, ce qui donne à penser que ce ne fut qu'un séjour temporaire et un campement.

Peut-être s'agit-il là d'un de ces campements romains, ordinairement de forme rectangulaire, placés de préférence au confluent de deux cours d'eau, comme ceux de Sougé, Lavenay, Luché, Le Mans, etc... Le développement de l'enceinte permet de croire que l'élément militaire, qui séjourna à cet endroit, eut des effectifs plus élevés que ceux de Chaumont ; la régularité du tracé, le soin de la construction de l'enceinte, le choix de la position indiquent un talent militaire qui ne dut pas être à dédaigner.

Ce relevé d'un camp retranché au nord-ouest de celui de Chaumont éclaire un peu le problème des retranchements de la butte. Une action militaire eut peut-être lieu en cet endroit, mais à défaut d'armes, de sépultures, et autres vestiges qui n'ont pas encore été mis à jour, il faut bien en revenir aux questions posées par M. Germain-Baupré qui restent toujours sans réponse.

On peut même relier les retranchements de Chaumont et de la Cassine à un système général. On a relevé les restes de plusieurs campements autour de la forêt d'Ecouves ; ce sont, d'après le relevé qu'en a fait M. l'abbé Mesnil dans son étude sur la forêt domaniale d'Ecouves :

1º Le camp de Châtellier, que sa position stratégique rendait imprenable et qui se trouve enclavé dans une propriété de M. le sénateur Poriquet sur Montmerrei, non loin de la table druidique appelée Pierre-Tournoire.

Je cite l'abbé Mesnil :

« Le camp du Châtellier, sur l'origine duquel s'est exercée avec, Odolant-Desnos et depuis, la sagacité des chercheurs et des savants, a donné lieu à bien des discussions :

« L'annuaire de l'Orne (année 1809, pages 73 et 74) plaçant cette forteresse avancée parmi les monuments historiques prétend, sur des témoignages plus ou moins véridiques, que c'était un camp gaulois.

« M. l'abbé Henry Sevray, de Mortrée (Bulletin Société historique et archéologique de l'Orne 1883, pages 120-129), incline à l'idée d'un camp romain

et l'appelle d'un nom vulgairement adopté maintenant : le camp de César. A l'appui de cette asser-
tion, il fait surtout valoir qu'une voie romaine
appelée la rue Jupin, traversait ces lieux qui subirent
le sort des batailles : cette voie, qui n'est plus
guère qu'un mauvais chemin, part du Cercueil ou
des environs (elle venait peut-être de Sées), passe
au pied du Châtellier et paraît se diriger vers le
camp de Bières, on peut dire cependant que, suivant
toutes les probabilités, il fut, avec le camp de
Goult ou Gul, situé à l'ouest du camp de Montmerrei, destiné à contenir une partie des troupes
de Roscius. »

Si le camp du Châtellier est placé aux limites
extrêmes de la forêt et même au dehors, de là,
du moins vers le sud, l'œil plonge dans les profon-
deurs d'Ecouves.

2° Les camps de Goult ou de Gul dont M. Eugène
Vimont a tracé les plans d'une main sûre et a
relevé les origines romaines avec la netteté d'un
érudit, sont au nombre de trois échelonnés sur
les monts de Gul.

L'abbé Gautier en fait la description suivante :

« On voit à Gul, sur la montagne, un emplacement de château ou de camp qui comprend
quatre enceintes, la plus grande peut avoir 120 toises
de long et 50 de large et est formée de petites pierres
amoncelées sans apparence de ciment, la seconde

moitié, plus petite, est également formée par des cailloux ; la troisième est environnée de fossés avec des buttes composées de terre et de pierres ; la quatrième est de forme ronde, enclavée dans les trois autres, elle ne peut avoir plus de 40 pieds de diamètre et est entourée de fossés larges et profonds. Tous les environs de la montagne sont couverts des débris de la roche primitive. »

On remarque l'analogie de ces retranchements avec ceux de Chaumont.

3° Le camp de Francheville, connu généralement sous le nom de camp des Sarrasins, distant de 6 km. des camps de Goult.

4° La Motte gazonnée de Corday, à l'entrée du village de Corday, est une sorte de poste-vigie élevé au IVe ou au IXe siècle.

5° Le camp du Feuillet est sur les bruyères de ce nom, à 600 mètres du village de Corday.

6° M. l'abbé Gatry, de Sées, ayant fait des recherches sur les bois d'Aché, a découvert un camp gaulois avec puits de ravitaillement au-dessus de la solitude de Mesnil-Gault, entre Saint-Gervais-du-Perron et La Chapelle-près-Sées.

7° Les registres de réformations de 1667 mentionnent encore, du côté de Saint-Nicolas, une pièce de terre appelée camp Doreau. Quelle est l'origine de ce nom ?

8° L'abbé Mesnil ajoute bien encore le château

de La Roche-Mabile ; mais celui-ci est d'une époque postérieure. à tous ces camps, puisqu'il a été édifié au XIe siècle par Mabile de Bellême.

IV

Tout en limitant l'établissement de ces retranchements à la période romano-celtique ou même du Prémoyen-Age, on éprouve encore des difficultés pour en établir exactement l'époque.

C'est que les collines de Normandie, dont Chaumont est la sentinelle avancée, délimitent une contrée naturelle : la Normandie, comme les Alpes Mancelles forment parallèlement la barrière du Maine, et que cette région fut longuement disputée.

Aussi loin que remontent les souvenirs de la préhistoire, on apprend que de cette région partirent ces Gaulois aventureux qui, l'an 162 ou 163 de Rome, franchirent les Alpes, conquirent l'Italie, fondèrent Crémone et Mantoue et entrèrent à Rome. Le sang aulerce coula dans les veines du divin Virgile et, il y a quelques années, dans une conférence qu'il fit au Mans, le savant historien de la Gaule, Camille Jullian, démontrait à quel point le génie du poète des *Bucoliques* procédait de nos contrées.

La Butte Chaumont vue des Fossés de la Madeleine

Avant la conquête de la Gaule, la forêt d'Ecouves faisait partie d'un petit pays habité par les Essuins qui avaient pour capitale une ville appelée Essai. Les Essuins étaient compris dans la Gaule celtique, connue sous le nom d'Armorique. L'an 57, la forêt passa, avec tout le reste des Essuins, sous la domination des Romains représentés par la légion de Publius Crassus, lieutenant de César.

Les Aulerces, épris d'indépendance, se révoltèrent plusieurs fois contre César, notamment lorsqu'ils choisirent le guerrier Camulogène pour recouvrer leur liberté. Ils échouèrent chaque fois, furent brutalement soumis, dispersés et leurs territoires furent donnés aux Essuins qui avaient mérité les éloges de César pour leur fidélité.

Vers l'an 292, la Gaule lyonnaise fut divisée en deux et alors la seconde Lyonnaise renferma Ecouves. L'empereur Valentinien Ier ou son fils Gratien (vers 370) partagèrent la seconde Lyonnaise en quatre parties ou métropoles : Rouen fut la capitale de la seconde partie dite aussi seconde Lyonnaise, dans laquelle se trouva comprise la forêt d'Ecouves.

Bientôt les Saxons firent différentes incursions sur les côtes normandes. Dès 286, Carausius est chargé de réprimer leurs courses, mais vers 368 ceux-ci sont parvenus à former des établissements fixes, ils fondent la ville de Caen, celle de Sées, entrent sur le territoire des Essuins, le ravagent, traversent l'emplacement d'une ancienne capitale des Aulerces et s'étendent dans le pays des Céno-mans où ils s'établissent dans le Saosnois.

Cet établissement des Saxons se fit probablement du consentement des Romains, trop faibles pour s'y opposer. A ce moment, l'empire romain était en proie aux débordements des hordes barbares : les Huns, les Alains (406) ; ces derniers, maîtres de Sées et du pays d'Alençon, fondent un petit état appelé à cause d'eux Alamania (demeure des Alains) ; on croit même qu'ils fondèrent Alençon, qui aurait été une de leurs forteresses destinées à contenir les Bretons armoricains qui s'étaient installés dans le Maine, jusqu'au cours de la Sarthe. Aussi cette contrée ravagée et dévastée, tantôt par les Saxons, tantôt par les Alains, tantôt par d'autres barbares comme les Suèves, dut souvent changer de maîtres.

Les Francs vinrent à leur tour. Clovis et les autres rois francs firent la guerre aux Armoricains. Ceux-ci résistèrent. Clovis prit le parti de négocier et de conclure un traité d'alliance avec les Armo-riques. Les garnisons, trop faibles pour se défendre, remirent leurs places à Clovis et autres chefs qui, par là, demeurèrent paisibles possesseurs de ce pays l'an 497. Les Armoricains, les Romains et les Francs ne formèrent plus qu'un même pays gou-verné par différents rois. La forêt d'Ecouves, comme faisant partie en deçà de la Sarthe, entra dans le partage de Clovis.

Ses descendants, considérant la monarchie comme une propriété soumise aux mêmes lois de dévolution que les biens privés, divisèrent maintes fois ces états au hasard des successions mérovingiennes.

Les descendants de Clovis établirent, vers 595, des ducs et comtes amovibles pour gouverner les portions de leurs états qu'on appela duchés ou comtés. On vit alors se former, dans ce territoire, un vaste comté qui prit le nom d'Hiesmois, de la ville d'Exmes qui était devenue la plus considérable.

Le pays eut beaucoup à souffrir, dès avant 870, lors des différentes incursions des Normands. Ils firent prisonnier Adelin qui occupait à Sées le siège épiscopal, ruinèrent Sées, Alençon et toutes les maisons religieuses des environs. Les rois de France, ne pouvant arrêter les progrès rapides de ces nouveaux conquérants, négocièrent avec ceux-ci à différentes reprises et leur cédèrent une grande étendue du pays qui a pris, depuis ce temps-là, le nom de Normandie. Ce fut en 911 ou 912, ou au plus tard en 924 que les Normands et leur duc demeurèrent paisibles possesseurs de la contrée dans laquelle la forêt d'Ecouves était enclavée.

En résumé, pendant une période d'environ neuf siècles, le pays fut troublé par ces invasions et migrations. Il est probable que la butte Chaumont et les autres camps d'Ecouves, isolés, faciles à défendre, ayant des vues sur toute la région, durent servir, soit de refuge aux habitants du pays, soit de postes militaires aux légionnaires de César, aux Aulerces, aux Saxons et aux Francs. Mais l'histoire n'en conserve pas le souvenir.

LE SAUT-A-LA-DAME

I

Vers l'ouest de la butte, et à mi-hauteur, on aperçoit, de l'allée de ceinture contournant Chaumont, un rocher nu et grisâtre qui émerge des bruyères et surplombe le vide d'une quarantaine de mètres. Si on prend la direction de la carrière de Chaumont, on trouve bientôt un petit sentier, et avec des jarrets solides, on s'installe à cheval sur le roc d'où on est dédommagé de la fatigue de cette petite entreprise par un beau paysage qui s'étend sur Saint-Denis et La Roche-Mabile. Nous sommes au Saut-à-la-Dame.

Ce rocher a des traditions que l'on trouve racontées sur les cartes illustrées qui se vendent dans le pays :

« Guillaume Talvas II ayant tué le père de Mabile d'Alençon, sa femme, celle-ci se réfugia chez le cultivateur Chaumont. Talvas la découvrit, l'enchaîna avec Chaumont et les fit précipiter du haut du rocher. Mabile seule fut tuée et Chaumont mourut lentement attaché au cadavre de Mabile. »

Une autre vue abandonne cette nouvelle en trois
lignes et raconte en vers naïfs cet effroyable drame
de jalousie :

Un mont couvert de bois épais,
Près du mont, une roche altière
Qui domine sur les forêts,
Au sommet une humble chaumière.
Là, Chaumont, seul avec son père,
Pour vivre heureux, vivait caché.
Epouse infortunée, Mabile
Vint s'abriter sous le rocher.
Mais son tyran, de cet asile,
Bientôt parvint à l'arracher.
Et du haut de ce précipice,
Méditant un plus grand supplice,
A Chaumont la fit attacher,
Puis dans l'abîme trébucher.
Les lieux où ces nobles victimes
Rendirent leur dernier soupir,
Ces bois, ces verdoyantes cimes
En ont gardé le souvenir.
D'en bas, de La Roche-Mabile,
On voit Chaumont et ses forêts,
L'Ermitage avec ses charmilles
Et le Saut-à-la-Dame auprès.

On raconte encore que Mabile, fille du comte
des Marches, aurait eu le courage désespéré de se

Les rochers de Chaumont

précipiter, avec un cheval, du haut du roc pour échapper à la poursuite d'un des Talvas et se réfugier au château de La Roche.

II

Selon M. de la Sicotière, cette tradition avait été recueillie pour la première fois en 1793, juste au moment où Grégoire, l'évêque de Blois, s'écriait que « l'histoire des rois n'est que le martyrologe des nations ».

« On ne doutait point alors, écrit de la Sicotière, dans *L'Orne Archéologique et Pittoresque*, que le peuple ne s'était qu'insensiblement développé et que sa puissance n'avait rien de subit que les apparences, on ne voulait point voir son travail dans l'histoire, elle était plus que jamais l'histoire des rois, mais considérés comme bourreaux, on l'écrivait sous ces titres : « Crimes des Rois de France, Crimes des Empereurs, Crimes des Papes ». La tradition de Mabile fut recueillie dans un but semblable et Lavallée la transcrivit avec soin, espérant que de pareils traits deviendraient les premiers éléments de l'histoire pour le peuple. »

Voici d'ailleurs ce qu'écrivait Lavallée dans son *Voyage dans le département de l'Orne* (1793) :

« La race des comtes d'Alençon est une de celles où l'on trouve le plus de scélérats, de fripons et de lâches. Parmi ces comtes d'Alençon, de la famille de Bellesme, il en est un surtout célèbre par son étonnante cruauté. La nature l'avait modelé sur le tigre, c'est-à-dire qu'une enveloppe enchanteresse renfermait une âme formée du limon des enfers. Il est facile de peindre la douceur avec l'écorce de la beauté. Ce scélérat se trouva charmant aux yeux de la malheureuse Mabile, fille d'un comte des Marches. Insensiblement, en lui filant des heures de soie, il amena l'instant de la félicité ; mais il voulut que cet instant portât le cachet de son caractère. Le rendez-vous était donné, il attire le père de sa maîtresse dans l'appartement même où elle devait se rendre pour couronner ses vœux et le poignarde. Ce crime consommé, tous les flambeaux sont éteints, et paisiblement, il attend le moment où son amante va se jeter dans ses bras. Elle arrive, elle est sans alarme, et l'obscurité engage même sa pudeur à remercier son amant de sa délicatesse. Les moments du bonheur passent, le monstre fait un signal, les flambeaux sont rallumés, le jour renaît. Quel spectacle ! C'est le cadavre de son père gisant sur le marbre ! C'est son féroce amant jouissant de l'inconcevable terreur qui s'empare de cette fille. Sa tête se perd, elle fuit, elle erre pendant plusieurs jours. Eperdue, isolée, dans cet état d'abandon, elle est rencontrée par un jeune homme que sa beauté et le trouble de sa tête intéressent. Il l'accoste, la recueille et la conduit chez son père, agriculteur du comté des Marches, où les plus généreux soins lui sont prodigués. Le sanguinaire Talvas n'est pas satisfait encore. Il découvre la retraite de sa triste victime, sa jalousie s'allume, il ne voit qu'un rival et qu'un rival préféré, dans le jeune bienfaiteur de cette malheureuse femme. Sa rage s'en accroît, il vole à la chaumière du modeste agriculteur, sa garde l'y suit, car les tyrans trouvent toujours des mortels assez vils pour veiller à leur conservation. Il arrive, l'excès de la démence ne fut jamais jusqu'à ce point. Il égorge cette femme et, faisant saisir le jeune homme, le fait attacher sur le cadavre et jeter vivant avec cette épouvantable compagnie où il le laissa expirer de faim et d'effroi. Depuis l'anecdote des Vauru à Meaux, il ne s'en est pas présenté de plus épouvantable à nos pinceaux. Pourquoi ne les affiche-t-on pas sur tous les murs ? Ce devrait être là les premiers éléments de l'histoire pour le peuple. »

Et M. de la Sicotière ajoute que « si cette tradition est fondée sur l'histoire, il y a sans doute quelque haine de famille qui explique les faits et meut les personnages, mais elle est bien plus saisissante et dramatique, elle exprime bien mieux les sentiments de la multitude en commençant ainsi sans autre cause apparente qu'une fureur de sang ».

III

Une seconde version, embellie par la poésie, fut publiée vers 1824 par M. Louis du Bois, ancien bibliothécaire d'Alençon. Je la reproduis en entier :

MABILE D'ALENÇON

I

L'amour, qui, sur notre existence,
En tout temps répandit des fleurs,
L'amour, tendre et douce puissance,
Calme les plus sauvages mœurs.
Mais, quand cette flamme moins pure
S'allume dans un cœur cruel,
Elle y dégrade la nature
Et rend ce cœur criminel.

II

Talvas fut un prince exécrable.
Il était comte d'Alençon ;
Sa barbarie inexorable
D'horreur pénétrait le canton.

Aimable, au printemps de la vie,
L'aspect de son front imposteur,
Où la grâce à l'éclat s'allie,
Semblait promettre un tendre cœur.

III

Il plut à la jeune Mabile,
Fille d'un comte, son voisin ;
Il l'obtint d'un père facile
Jadis objet de son dédain.
Mais tout, dans l'âme sanguinaire,
D'un mortel sans foi, sans honneur,
Prend l'empreinte du caractère
Et participe à sa noirceur.

IV

C'est la torche des Euménides
Et non le flambeau des Amours
Qui doit, de ses lueurs perfides,
Eclairer ses horribles jours.
Oh ! Mabile, Oh ! pure victime !
Du tigre le plus inhumain
Ton père, immolé par le crime,
T'attend près du lit de l'hymen !

V

Hélas, tu croyais reconnaître
Un soin touchant et délicat,

Quand tu sentis la main du traître,
Au lit t'entraîner sans éclat.
Le mystère semblait étendre
Sur toi son voile officieux,
Ton cœur devenait plus tendre,
Ton sacrifice moins coûteux.

VI

A peine, à son époux qu'elle aime,
Mabile, émue avec pudeur,
A, de la volupté suprême,
Cédé la suprême faveur,
Tout à coup, du sein des ténèbres
Que dissipe son éclat soudain,
Elle voit... quels objets funèbres !
Dans son époux, un assassin !

VII

Sur le parquet, teint de carnage,
Son malheureux père étendu,
De Talvas, éprouvant la rage,
Chez les Morts, était descendu.
Dieux ! quel aspect pour une amante,
Pâle, interdite, hors de soi !
Et pour sa plainte déchirante
Quels sujets d'horreur et d'effroi.

VIII

Elle fuit... la terreur l'entraîne ;
Du palais, elle atteint le seuil.
Au sein de la forêt prochaine,
Elle vole cacher son deuil.
Ecouves, dans ta sombre enceinte,
Mabile a porté ses pas ;
Les échos répètent sa plainte,
Et ses vœux, pour un prompt trépas.

IX

Sur les bords du bois solitaire,
Chaumont, honnête agriculteur,
Habitant avec son vieux père,
Trouvait la paix et le bonheur.
Là, dans la fière indépendance,
Protégés par leur pauvreté,
Ils embellissaient l'existence
Par le travail et la santé.

X

Mabile, en proie à mille craintes,
S'offre à leurs regards obligeants ;
Sa beauté, ses larmes, ses plaintes
Attendrissent les bonnes gens.
Ils l'arrêtent ; dans leur masure
Ils l'emmènent en sûreté.

Moins on est loin de la nature,
Plus on est près de la bonté.

XI

Hélas ! le sort de l'innocence
N'est pas à l'abri des méchants.
Quoi ! la chaumière et l'indigence
Aussi sont en butte aux tyrans.
Bientôt, de la triste Mabile,
L'époux cruel, l'affreux Talvas,
A découvert l'obscur asile ;
Le barbare y porte ses pas.

XII

Entouré de ses satellites,
Talvas force l'humble réduit,
Trouve l'objet de ses poursuites,
Par hasard, en ces lieux conduit.
Pour lui, ce hasard est un crime,
Digne d'horribles châtiments.
Ainsi la faiblesse est victime
Et de la force et des méchants.

XIII

Quoi ! la jeunesse de l'épouse,
Quoi ! l'innocence, la beauté,
Talvas, à ton âme jalouse,

N'inspire que la cruauté.
On voit, non loin de la chaumière,
Un mont couvert de bois épais.
Près du mont, une roche altière
Qui domine sur les forêts.

XIV

Talvas y conduit sa victime
Avec son hôte généreux ;
Et, dans la fureur qui l'anime,
Il les fait enchaîner tous deux.
Il veut que mêmes fers unissent
Ceux que parut unir le sort
Et que, tous les deux, ils subissent
Pareils tourments, semblables morts.

XV

Ce monstre jaloux et féroce
Sait que tous deux sont innocents.
Pourtant sa barbarie atroce
Veut des pleurs, du sang, des tourments.
Du haut de la roche escarpée,
Unis, on les précipita.
La vengeance semble trompée ;
Là, seule Mabile expira.

XVI

Mais non, dans ce hasard, propice
Au malheureux agriculteur,

Talvas trouve encore un supplice.
Quelle volupté pour son cœur !
Le jeune homme au corps de Mabile
Est uni des nœuds les plus forts
Et, dans une mort difficile,
A la fois trouve mille morts.

XVII

Talvas joint la mort à la vie ;
Il unit Mabile et Chaumont
Dont la douloureuse agonie
Offrit le tourment le plus long.
Ainsi Mézence, en Ausonie,
Signale sa férocité.
Partout, hélas, la tyrannie
Offre une égale atrocité.

XVIII

Les lieux où ces pures victimes
Rendirent leur dernier soupir,
Les lieux, témoins de tant de crimes,
En ont gardé le souvenir.
On voit l'Ermitage tranquille,
Le Saut-à-la-Dame est auprès,
Ainsi que La Roche-Mabile,
Et Chaumont, au sein des forêts.

XIX

Las de l'aspect de tant d'outrages
Dont gémissait l'humanité,
Le vieillard, sur ces monts sauvages,
Fit bâtir un toit respecté.
Là, dans un modeste ermitage,
Terminant ses ans et ses maux,
Il vécut et mourut en sage,
Pardonnant même à ses bourreaux.

XX

Vous, pour qui la pure innocence
A des charmes si délicats,
Pleurez Mabile et sa souffrance ;
Maudissez l'atroce Talvas.
Au moins sa rage criminelle,
Et dans l'histoire et dans mes vers,
Subit la peine solennelle
Qui doit effrayer les pervers.

Louis DU BOIS.

Et le poète alençonnais ajoute en note que ces vers doivent être chantés sur les airs suivants :

Au bord d'une mer écumante

Hélas, qui pourra jamais croire !

Lorsque dans une tour obscure.

IV

M. Louis Duval reprit cette légende du Saut-à-la-Dame à propos du roman populaire intitulé *La Louve d'Alençon*, que firent paraître, en 1880, MM. Henry Angot et Paul Delair. La petite brochure de M. Duval (*Mabile de Bellême dans le roman et dans l'histoire*) est intéressante, ce dernier s'attache à démontrer qu'il ne faut pas attacher grand crédit à *La Louve d'Alençon* et que les auteurs n'ont eu pour but que de présenter un tableau de la société féodale et les premières tentatives de révolte des serfs contre leurs seigneurs.

Et, à ce propos, il rappelle la poésie de Louis du Bois, en faisant remarquer que l'héroïne de la légende n'a rien de commun avec Mabile de Bellême. Cette dernière était la fille de Guillaume Talvas et non l'héroïne de la légende qui serait la mère de cette Mabile, première femme de Guillaume Talvas, comte d'Alençon, répondant au nom peu agréable de Cudefort et fille d'un illustre chevalier.

Cette femme, qui était pieuse, désapprouvait la conduite de son mari qui n'était pas exemplaire du tout, et, de temps en temps, lui faisait de véhémentes représentations. On dit qu'un matin, lorsqu'elle allait à la messe, excédé de ces remontrances, il la fit saisir et étrangler en pleine rue d'Alençon.

L'abbé Gautier met en doute ce crime raconté par Guillaume de Jumièges qui manquait de critique. Mais M. Duval rapporte que l'on chantait en son temps, à Alençon, une complainte populaire dans laquelle la comtesse Cudefort est devenue Marie Anson :

« Pourquoi Marie Anson ? Peut-être faut-il voir dans ce nom une allusion au nom de la ville d'Alençon. Marie Anson ne serait-elle pas le génie typique, la fée éponyme, gardienne du château comme Mélusine pour le château de Lusignan, comme la fée d'Argouges. Quoi qu'il en soit, d'après la complainte, Marie Anson, attachée par les cheveux à la queue d'un cheval, fut ainsi traînée par son mari à travers le parc où elle expira. »

N'y avait arbre ni buisson
Qui du sang de Marie Anson.

« Depuis lors la Dame du Parc d'Alençon revient toutes les nuits aux lieux témoins de son supplice, jette un cri strident du haut de la tour couronnée et disparaît. »

Et il ajoute :

« A Caen, on retrouve une complainte presque semblable sur le supplice de Mathilde traînée par le duc Guillaume à la queue de son cheval depuis la Croix-Pleureuse.

« Entre cette Mathilde et la prétendue Mabile dont Lavallée et du Bois ont paraphrasé la légende, la ressemblance est frappante. Il est probable que Lavallée, qui connaissait la légende caennaise, ne se sera pas fait scrupule de donner à la comtesse d'Alençon un nom qui se rapproche de la duchesse de Normandie. Quant à du Bois, il serait sans excuse, si les poètes avaient à rendre compte à l'histoire de la vérité de leurs récits. »

Au surplus, cette légende ne concerne nullement Mabile, dame de Montgomery, fondatrice du château de La Roche ; les historiens nous ont laissé suffisamment de détails sur sa vie pour l'affirmer sans crainte de se tromper.

MABILE DE BELLÊME

Les écrivains nous ont laissé des renseignements assez précis sur les Talvas et sur Mabile pour permettre de reconstituer la vie tourmentée de ces seigneurs (¹).

Mabile de Bellême — qui n'est donc pas l'héroïne du Saut-à-la-Dame — fut la fille de Guillaume Ier de Bellême surnommé Talvas, un des principaux seigneurs de la contrée qu'il tenait du comte de Normandie, à qui un de ses ancêtres avait rendu de signalés services. Ce Talvas, qui avait succédé à son frère en 1033, fut un sacripant cruel et débauché, batailleur et sans foi qui parvint, on ne sait trop comment, à reconquérir tous les biens que son père avait perdus.

On a dit plus haut qu'il avait épousé en premières noces Cudefort, fille d'Arnulphe, que celle-ci, qui avait la conscience très droite, lui avait fait maintes représentations concernant sa conduite, et que Talvas, fatigué de subir ces récriminations,

(1) Sur Mabile de Bellême, on lira avec fruit l'ouvrage soigneusement documenté de **M.** du Motey paru en 1920 : « *Les Origines du Duché de Normandie.* »

l'avait étranglée en pleine rue d'Alençon, dans le moment où elle se rendait à l'église. Cela ne l'empêcha pas de se remarier avec Hildeburge, fille de Raoul de Beaumont ; il invita à ses noces les seigneurs voisins et, parmi ceux-ci, Guillaume Giroye, châtelain de Saint-Cénery ; ce dernier s'y rendit sans méfiance ; au cours de la fête il le fit arrêter, enfermer dans une tour du château d'Alençon, puis il emmena les convives à la chasse pendant laquelle il fit crever les yeux, couper le nez, les oreilles et châtrer l'infortuné Giroye.

Les amis de ce seigneur envahirent les terres de Talvas, pillant et détruisant tout. Celui-ci, seigneur haï et cruel, chassé par ses vassaux révoltés avec l'aide de son fils lui-même, Arnulphe ou Arnoul, n'eut que la ressource de se réfugier auprès de Roger II, sire de Montgomery, en faveur auprès du duc de Normandie. Le duc de Normandie remit Talvas en possession de ses biens et celui-ci fit épouser sa fille Mabile au sire de Montgomery.

Le vieux Talvas était mort depuis quelques années lorsque Mabile de Bellême succéda à son frère Arnoul de Bellême qui s'était naguère révolté contre son père. Ayant enlevé un petit cochon à une recluse, il fut trouvé mort dans son lit le lendemain matin. Les moines prétendirent que c'était l'effet de la vengeance céleste, mais on découvrit dans la suite qu'il avait été étranglé par son frère naturel Olivier, un des trois bâtards de Talvas.

Montgomery et sa femme Mabile restèrent attachés au duc Guillaume de Normandie, ce qui leur valut d'être attaqués par Henry Ier de France et le comte d'Anjou. Ces derniers échouèrent dans une première entreprise où ils réduisirent cependant en cendres le château de Montgomery ; dans une seconde campagne, ils furent battus à plate couture par le duc de Normandie.

Le sire de Montgomery en profita pour amener le duc à punir Robert Giroye, un des fils de la victime de Talvas, qui au fond ne valait pas mieux que les autres. Le duc vint ainsi, en 1060, mettre le siège devant Saint-Cénery où se trouvait Giroye. Comme celui-ci se chauffait avec sa femme, qui tenait quatre pommes dans sa main, il en prit deux par plaisanterie et, ignorant qu'elles étaient empoisonnées, les mangea malgré celle-ci. Le poison fit son effet et il mourut cinq jours après. Des accommodements avec le duc intervinrent alors.

Ils furent de peu de durée, trois ans après, Roger de Montgomery et Mabile, qui espionnaient le seigneur de Saint-Cénery, le dénoncent au duc de Normandie comme étant entré dans un complot contre lui. En 1063, le duc cite devant lui les conjurés, ils n'obéissent pas à la sommation, leurs biens sont confisqués et donnés à Montgomery et à son épouse.

On retrouve un peu plus tard le sire de Montgomery à la conférence de Lillebonne où Guillaume
de Normandie avait assemblé ses grands seigneurs
pour prendre leur conseil, prétendant qu'en mourant
le roi Edouard d'Angleterre lui avait légué son
royaume.

Montgomery l'engagea fortement à la conquête,
il lui procura des hommes d'armes et équipa des
vaisseaux à ses frais ; cependant, il ne l'accompagna
pas en Angleterre à cette première expédition, et
resta auprès de la duchesse pour l'aider dans l'administration de la Normandie.

Au second voyage de Guillaume le Conquérant,
il passa en Angleterre, et reçut comme récompense
le château d'Arondel, la ville de Cicester, le comté
de Salop. Roger en fit profiter ses vassaux normands
qui avaient mérité des récompenses et forma de
ses conquêres le comté de Montgomery au pays
de Galles. On relève qu'en 1186, outre ces biens,
Roger possédait de vastes domaines dans les provinces de Sussex, de Surrey, de Hampshire, Wilta,
Hertfort, Glocester, Wigorn, Kent, Warwick, Stras-
sad, en outre il était grand sénéchal d'Angleterre.
Il fut entièrement dévoué au Conquérant, il lui
avait rendu d'importants services au cours de la conquête de l'Angleterre, notamment lors des révoltes
d'Exester et des Gallois.

En 1067, profitant de l'absence de Guillaume

qui se trouvait en Angleterre, les Manceaux se révoltèrent et égorgèrent presque tous les Normands qui se trouvaient dans le Maine. Roger de Montgomery n'avait pas de forces à leur opposer.

D'un autre côté, Ernaud Giroye, le châtelain dépossédé de Saint-Cénery, qui s'était réfugié dans le Perche chez le seigneur de Courville, son parent, profita de l'absence des troupes normandes pour exercer ses vengeances ; pendant trois ans, il fit des incursions dans l'évêché de Lisieux, mit tout à feu et à sang et ne se retira jamais sans un riche butin et de nombreux prisonniers. Il était d'une belle audace ; une fois, accompagné de quatre soldats seulement, il se présenta devant le château d'Echauffour et trouva le moyen de pénétrer en poussant des hurlements. La garnison de soixante hommes qui le gardait pour le compte du roi de France, le croyant suivi d'une force importante, fut prise de frayeur, et abandonna le château. Giroye y mit le feu ; il en fit autant du bourg de Saint-Evroult.

Un homme aussi remuant était à ménager. Aussi obtint-il la grâce du roi de France qui promit de le rétablir dans ses biens.

Mabile en fut informée ; ce fut pour elle une occasion d'exercer ses talents qui lui ont valu d'être surnommée la Louve d'Alençon par un romancier moderne. Sachant que Giroye passerait par Echauffour pour se rendre dans le Perche, elle prépara une boisson empoisonnée. Un de ses amis avertit Giroye et Gilbert de Montgomery, beau-frère de Mabile, avala d'un trait la liqueur destinée à Ernaud Giroye ; il mourut trois jours après à Regmalard.

Mabile ne se rebuta point ; elle réussit à corrompre Roger Goulafre, écuyer d'Ernaud, et lui remit un autre breuvage dont il devait faire usage à la première occasion favorable. Dès que les seigneurs furent arrivés à Courville, Goulafre donna le poison au sire du lieu, à Guillaume Goûet, seigneur de Montmirail, et à Ernaud. Les deux premiers guérirent, mais Ernaud en mourut et sa veuve prit le voile à l'abbaye de l'Essey.

Guillaume le Conquérant utilisa une période de tranquillité où se trouvait l'Angleterre pour rentrer en Normandie, il réunit une armée anglo-normande et se rendit à Alençon avec Roger de Montgomery, époux de Mabile, et un de ses fils, Robert de Bellême. Ils entrèrent alors dans le Maine qu'ils soumirent par le fer et par le feu.

Montgomery était désormais un grand seigneur qui, en 1074, célébrait en grande pompe à Bellême la fête de Saint-Léonard-des-Bois ; il faisait des donations importantes aux abbayes, on le prenait pour arbitre, notamment en 1077, dans une guerre qui avait éclaté dans le Maine.

Ce fut vers la même époque que commença la guerre entre la Maison d'Alençon et celle de Mortagne. Rotrou II, vicomte de Chateaudun et seigneur de Mortagne, demanda à Mabile de Bellême de lui rendre Domfront et ses dépendances que le vieux Talvas avait usurpé sur ses prédécesseurs. La guerre fut très vive. Des partisans du sire de Montgomery, Guillaume Pantoff qu'il avait fait gouverneur du comté de Salop et à qui Mabile avait donné le château de Péray en Saosnois, Hugues de Salgey à qui elle avait donné le château de La Motte-Igé dont elle avait dépouillé Giroye, passèrent au seigneur de Mortagne. Mabile de Bellême les punit en leur enlevant les biens qu'elle leur avait donnés.

Hugues de Salgey résolut de se venger de Mabile. Ayant appris qu'elle était allée passer quelque temps avec Hugues de Montgomery, son fils aîné, dans le château de Bure-sur-Dives, il parvint, le 2 décembre 1082 à pénétrer avec ses trois frères dans le château, gagna la salle où Mabile venait de se mettre au lit à la sortie du bain et lui coupa la tête. Hugues de Montgomery, accompagné de seize cavaliers, poursuivit les assassins, mais ceux-ci, qui avaient rompu les ponts après leur passage, quittèrent la Normandie et se réfugièrent en Italie. Mabile fut inhumée dans l'abbaye de Troan et l'abbé du lieu fit mettre sur sa tombe une épitaphe élogieuse en mauvais latin.

Son contemporain, Ordéric Vital, en trace un portrait. Mabile de Bellême fut la femme forte par excellence, elle n'hésita jamais à commettre un meurtre, — à répandre le sang et, lorsque la force lui manquait, elle employait la ruse ; elle avait le verbe haut et manifestait sa présence par des ordres continuels ; quoiqu'elle fît de nombreuses donations religieuses et qu'entre autres elle fondât le prieuré de Saint-Nicolas de La Roche-Mabile d'où dépendait Chaumont, elle détestait cordialement les moines, seuls le bienheureux Thierry, abbé de Saint-Evroult, Raoul d'Escures et les moines de Sées trouvèrent grâce devant elle.

On rechercha les assassins de Mabile. Les soupçons ne se portèrent pas sur le véritable coupable, mais sur Guillaume Pantoff qui était également passé en Italie, après que Mabile lui eût enlevé ses biens. On le rechercha inutilement. Pourtant, fort de son innocence, celui-ci revint en Normandie se réfugier à l'abbaye de Saint-Evroult avec sa famille.

On n'avait aucune preuve contre lui, la Cour de Plaid du duc le condamna cependant à subir l'épreuve du fer rouge en présence du clergé. Il s'y soumit ; selon l'usage, il prit le fer rouge dans sa main nue. Il n'y eut point la moindre marque de brûlure, l'abbé de Saint-Evroult à qui il avait fait de grands dons dans sa prospérité, lui avait enseigné le moyen de se préserver du feu.

Les moines de l'époque font un portrait favorable

de Roger de Montgomery. C'était un homme sage, calme, aimant la justice, et s'entourant de personnes de bon conseil ; il est vrai qu'il était bien vu des moines à qui il avait fait un grand nombre de donations et qu'il aimait la société savante des ecclésiastiques.

Après la mort de Mabile, il se remaria avec Adélaïde, fille d'Evrard, seigneur du Puiset en Beauce. Au cours d'une traversée que cette dernière fit en Angleterre, craignant de faire naufrage, elle fit le vœu de faire bâtir un monastère à l'endroit où elle rencontrerait son mari ; ainsi fut fondé en Angleterre le couvent de la Madeleine de Quadefort.

Roger, sire de Montgomery, tomba malade en Angleterre, et, se sentant gravement atteint, il envoya à Cluny le moine Rénigald, prieur de Schrewsburg, quérir la tunique miraculeuse de saint Hugues, puis, du consentement de sa femme, il prit l'habit monacal dans l'abbaye de Schrewsburg où il mourut le 28 juillet 1094. Il y fut inhumé.

Ainsi se termine l'histoire sommaire de Roger de Montgomery et de Mabile de Bellême. Leur vie fut assez mouvementée sans qu'il soit nécessaire d'y rien ajouter. Leur activité remarquable frappa l'imagination populaire et ils tinrent pendant un demi-siècle une place si grande dans la contrée que, de nos jours, après plus de huit cents ans, leur nom erre encore en Normandie.

MARIE DE THIBOUVILLE

DAME DE CARROUGES

De Chaumont, on aperçoit, quand le ciel est clair, les maisons du bourg de Carrouges qui se trouve à 13 km. à vol d'oiseau. Les chroniqueurs et, après eux, Odolant-Desnos, l'abbé Gautier et Louis du Bois ont raconté les événements suivants qui arrivèrent il y a de longs siècles.

Dans la seconde moitié du XIVe siècle vivait, à Carrouges, le chevalier Jean, chambellan du comte d'Alençon, et qui avait épousé en premières noces une fille du seigneur de Tilly et, en secondes noces, Marie de Thibouville.

Ce seigneur Jean de Carrouges revenait d'Ecosse où il avait accompagné l'amiral de Vienne. Sa femme habitait chez sa mère Nicole de Carrouges, à Fontaine-la-Sorel, et, pendant un voyage au châ- à Paris qu'exigeaient ses affaires, il la conduisit au château de Capomesnil, distant environ de deux lieues de Saint-Pierre-sur-Dives.

Quelques semaines plus tard, la mère fut obligée de se rendre à Saint-Pierre-sur-Dives avec la majeure partie de ses gens et emmena même avec elle la dame de compagnie de sa fille.

A son retour, Jean de Carrouges trouva sa femme accablée de tristesse, il la pressa de questions et, en présence de ses parents et de ses amis, elle déclara que, pendant l'absence de sa mère, le nommé Louvet, qui demeurait dans le voisinage et compagnon de débauche de Jacques Le Gris, s'était introduit chez elle sous prétexte de demander un délai pour le remboursement d'une somme de cent livres que ce dernier lui devait, qu'il lui avait fait part de l'amour que son ami avait conçu pour elle et l'avait suppliée de lui accorder une entrevue ; à ce moment, Le Gris était entré, l'avait saluée, lui avait pris les mains et offert tout l'argent dont elle pouvait avoir besoin pour payer les dettes de son mari. Celle-ci s'était débattue, puis réfugiée dans une chambre voisine. Le Gris l'en avait arrachée avec l'aide de Louvet ; elle était tombée à terre en criant : « Haro ! Haro ! Au secours ! » Mais Le Gris avait réussi à la déshonorer et était parti en voulant lui laisser un sac d'argent qu'elle avait repoussé.

Le seigneur de Carrouges fit un tel bruit de cette aventure qu'elle parvint aux oreilles du comte d'Alençon, lequel interrogea Bernard de Laloue, beau-père du chevalier, et Jean Crespin, pour savoir ce qui s'était passé : ils lui confirmèrent les accusations de Carrouges contre Le Gris. Ce Jacques

Le Gris possédait aux environs d'Argentan les terres d'Aunou, de Goulet et plusieurs autres, il était écuyer et chambellan du comte d'Hiesme, favori du comte d'Alençon, il avait même été lié d'une étroite amitié avec le seigneur de Carrouges.

Mais ce dernier ne porta aucune plainte. Le comte d'Alençon fit néanmoins emprisonner Louvet et, sur la demande de Le Gris, il assembla son conseil pour former un tribunal destiné à juger provisoirement. Carrouges ne se présenta pas et Le Gris fut absous.

Pendant ce temps, le seigneur de Carrouges se pourvut devant le roi qui renvoya l'affaire au Parlement de Paris. Dans son plaidoyer, il exposa l'affaire telle que sa femme l'avait racontée, il ajouta qu'il avait toujours été un excellent époux, qu'il était constant que sa femme avait été violée, mais avec tant de précautions qu'il était impossible de convaincre le criminel par témoins, que ses soupçons étaient tombés sur l'écuyer Le Gris plutôt que sur tout autre parce que celui-ci avait la réputation de courir après les femmes et que toutes circonstances étaient requises pour jeter le « gage de bataille ».

Le Gris répliqua devant le tribunal qu'il était un homme d'honneur, loyal serviteur du roi qui en avait fait son sergent d'armes, tandis que son adversaire était un homme inquiet, jaloux, volage, mélan-

colique, que sa mère était morte de douleur par les
embarras qu'il lui avait causés, que sa première
femme avait fort souffert de son mauvais caractère,
qu'après la mort de son père, le comte d'Alençon
lui avait refusé la capitainerie de Bellême, et même
retiré la terre de Cuigny-en-Carrouges. Le chevalier
de Carrouges s'était imaginé que lui Le Gris, son
adversaire, l'avait desservi auprès du comte d'Alençon et s'était convaincu à tort qu'il voulait le
perdre ; déjà, il avait souvent engagé sa première
femme à l'accuser sans cause ; au surplus, il n'avait
jamais vu Marie de Thibouville qu'une seule fois et
encore c'était son mari qui la lui avait présentée
chez le chevalier Crespin ; en plus, à son retour de
Paris, Carrouges avait frappé à coups de poing sa
femme et sa belle-mère et c'était dès le lendemain
qu'il avait fait courir le bruit que sa femme avait
été violée, le 18 janvier, alors que, dans les pièces
d'instruction, il avait déclaré que c'était dans la
troisième semaine de janvier sans qu'on pût lui en
faire préciser le jour.

Le Gris ajouta que le château n'était éloigné de
Saint-Pierre que de deux lieues, dame Nicole devait
être de retour à midi au plus tard, auprès de sa fille
était resté un tisserand ainsi que deux femmes et
elle l'avait trouvée fort gaie à son retour. Il prouva
qu'il n'avait pu se trouver à Capomesnil dans
aucun des jours en question, le 15 janvier, il était

parti d'Argentan chez Beloteau, écuyer de ses amis chez qui il était resté jusqu'au mercredi 17 où il se trouva au souper du comte d'Alençon ; le lendemain 18, Beloteau et un autre écuyer, Taillepied, le vinrent prendre au saut du lit pour être présenté au prince qui le fit souper avec lui ; le lendemain, il mena ses amis à Aunou où ils s'amusèrent et ne revint à la ville que le samedi suivant.

« Il y a, ajouta-t-il, d'Argentan à Capomesnil, neuf grandes lieues, des chemins affreux et les jours étaient courts. Qu'on articule l'heure où j'ai dû commettre le crime dont on m'accuse, il en résultera évidemment l'impossibilité. Il n'est pas vraisemblable que la dame de Carrouges, forte et vigoureuse, ne se soit pas défendue, qu'elle n'ait pas conservé la moindre égratignure ou autres marques de défense et que, si elle eût crié « Haro ! », les trois personnes laissées auprès d'elle ou quelqu'un des habitants des maisons voisines ne soient pas accourus à son secours. »

Le Parlement fit subir à Louvet et à la demoiselle de compagnie de la dame de Carrouges les tortures de la question, mais ils ne purent rien déclarer.

Le Gris affirma qu'il n'y avait ni indice, ni présomption contre lui, et, se tournant vers le chevalier de Carrouges, il exigea amende honorable et quarante mille francs d'or en protestant qu'il en avait menti ; il se déclara prêt à le maintenir en duel et jeta son gant de bataille.

Le Parlement, après avoir longuement délibéré, déclara par son arrêt du 15 septembre 1386, que la plainte de Carrouges était bien fondée, qu'il y avait gage de bataille et qu'il appartenait au roi de décider du jour et du lieu.

Le roi Charles VI était alors à l'Ecluse où il méditait de passer en Angleterre. Les princes, les seigneurs, et le connétable, qui étaient auprès de lui, tous passionnés par ces luttes en champ clos, engagèrent le roi à remettre le duel à son retour.

Ce fut à Paris, derrière le Temple, qu'on prépara les lices ; un échafaud d'honneur bien orné fut dressé pour le roi Charles qui s'y rendit le 22 décembre, accompagné des princes et de tous les seigneurs de la Cour. Une foule de peuple était accourue à ce spectacle.

Le comte de Saint-Paul conduisit lui-même le chevalier de Carrouges ; Le Gris, âgé d'environ cinquante ans, fut fait chevalier et conduit par les gens du comte d'Alençon. La dame de Carrouges, sur un char en deuil, se présenta lorsque son mari entra dans le champ de la lutte. « Dame, lui dit-il, pour votre querelle je vais aventurer ma vie et combattre Jacques Le Gris, vous savez si ma cause est juste et loyale. » Elle dressa sa taille, un sourire courut sur ses lèvres : « Il en est ainsi, combattez tout sûrement, car la cause est bonne. » Le chevalier de Carrouges mit un genou en terre, lui prit la main, la porta à sa bouche, se signa et entra dans l'arène.

Les deux champions, armés de toutes pièces, furent assis dans une chaire, l'un en face de l'autre selon l'usage. Ils combattirent à cheval avec un égal avantage ; ils mirent pied à terre, Le Gris blessa son adversaire à la cuisse, mais étant tombé, Carrouges se précipita sur lui et le pressa d'avouer son crime. Le Gris, quoique vaincu, persista à protester de son innocence, jura sur Dieu et la damnation de son âme. Sur-le-champ, son adversaire lui plongea l'épée dans le corps.

Le chevalier de Carrouges s'adressant à l'assemblée demanda s'il avait fait son devoir puis alla se jeter aux genoux du roi qui lui fit compter mille francs et le mit au nombre de ses chambellans à deux cents livres de gages ; il alla ensuite rejoindre son épouse et ils se rendirent ensemble à la basilique Notre-Dame pour y faire leur offrande.

Cependant, on avait relevé le cadavre de Le Gris, il fut livré à l'exécuteur qui le pendit au gibet qui avait été préparé à Montfaucon pour le vaincu.

Par un arrêt du 9 février suivant, le Parlement de Paris adjugea au chevalier de Carrouges la somme de six mille livres d'or à prendre sur les biens de Le Gris et ses héritiers furent forcés de vendre les terres et baronnies d'Aunou et Goulet, Touques, Saint-Loyer et Fontenay au comte d'Alençon qui fit bâtir une maison de plaisance à Goulet.

Quelques années plus tard, on arrêta un écuyer accusé de crime ; au moment du supplice, il déclara qu'il avait trouvé le moyen de se glisser dans la chambre de Marie de Thibouville, dame de Carrouges, et qu'il était seul coupable du viol imputé au malheureux Le Gris.

Carrouges était alors en Afrique d'où il ne revint jamais. Dès que sa veuve eut appris sa mort, pénétrée de douleur, elle résolut de faire pénitence de la témérité de son accusation ; elle se renferma volontairement dans une cellule murée où elle resta recluse et repentante jusqu'à la fin de ses jours.

L'ERMITAGE

Quoiqu'elle remonte à plusieurs siècles, de nos jours encore, la tradition d'un ermitage à Chaumont est restée très vivante. Les gens du pays montrent le puits et le jardin de l'Ermitage au sommet du mont et parlent parfois de sorciers, sortes de brigands des bois qui s'étaient installés sur la butte Chaumont, et, par leurs enchantements, avaient une si grande influence sur les loups qu'ils étaient devenus l'effroi de tout le pays. Malheur aux voyageurs attardés ou perdus dans les taillis solitaires. S'ils étaient épargnés, ils étaient obligés de donner une forte redevance soit aux sorciers, soit au loup lui-même qui était envoyé pour les accompagner jusqu'à leur domicile. Ce sont les meneurs de loups, assez nombreux autrefois dans la région comprise entre les forêts d'Ecouves, de Monnaye, de Pail et de Multonne qui ont sans doute donné lieu à cette légende.

On ne sait jusqu'où il faut faire remonter les origines de l'Ermitage de Chaumont, tout ce qu'on peut dire c'est qu'il est très ancien.

Aux premiers siècles de l'église de Sées, la forêt

Les Ruines de l'Ermitage

d'Ecouves fut une vraie Thébaïde. Vers l'an 680, Saint Evremond, originaire de Bayeux et ayant occupé un poste éminent à la Cour des rois de Neustrie, fit ses adieux aux plaisirs de ce monde et vint chercher une retraite dans la forêt d'Ecouves, il y fit élever plusieurs monastères, tant d'hommes que de femmes et construisit en outre six églises sur le territoire qui portait alors le nom de Fontenay. Ces monastères furent détruits lors de l'invasion des Normands et les religieux de Fontenay se retirèrent pour la plupart dans l'abbaye d'Ouche.

Quelques-uns se reconstituèrent ou échappèrent à l'envahisseur, le savant abbé Letacq, qui a étudié les ermitages d'Ecouves, croit qu'il en fut ainsi pour Chaumont et Blanche-Lande dans les bois du Ballu ; d'autres furent fondés au Moyen-Age ; celui de Vingt-Hanaps, à la limite de la commune et de celle de Radon, le prieuré de Gast à Tanville sur le versant nord de la forêt d'Ecouves remontent au XIIe siècle, la chapelle de Sainte-Catherine du Poitou dans le voisinage du Chêne-au-Verdier, l'ermitage de Mesnil-Gault situé sur le territoire de La Chapelle-près-Sées.

Tous ces ermitages ont des liens de parenté très étroits non seulement parce que la plupart furent l'objet des donations de Roger de Montgomery et de Mabile de Bellême, mais aussi parce qu'ils dépendaient presque tous de l'abbaye de Saint-Martin de Sées. Le peu de documents que nous possédons sur chacun d'eux peut servir à éclairer l'existence des autres et l'examen des quelques ruines qu'ils nous ont laissées est aussi curieux parce qu'il révèle des constructions à peu près identiques, constructions qui, hâtons-nous de le dire, furent toutes très modestes.

L'abbaye de Saint-Martin de Sées fut fondée au milieu du XIe siècle par Roger, sire de Montgomery, et Mabile de Bellême son épouse. Ils la dotèrent richement et entre autres biens, du prieuré de Saint-Nicolas qu'ils avaient fondé à La Roche-Mabile, dans le territoire d'Alençon — in territorio Alerci. C'est vers cette même époque que Mabile de Bellême fit bâtir le château et la ville de La Roche-Mabile.

Peut-être les premiers ermites de Chaumont dépendirent-ils de ce prieuré de Saint-Nicolas, et, à ce titre, quelques mots sur ce prieuré ne seront pas superflus. Guillaume Talvas II, petit-fils de Roger de Montgomery, ayant amené des religieux de Citeaux pour peupler une abbaye qu'il avait résolu de faire construire dans la forêt de Perseigne, en plaça une partie dans l'église Saint-Nicolas. Des contestations s'élevèrent entre les moines de Saint-Martin et les nouveaux venus. Le seigneur de La Roche intervint comme médiateur et l'église demeura définitivement à l'abbaye de Saint-Martin

qui en fit un prieuré. Il s'enrichit en 1223 d'une donation considérable que lui fit un nommé Herbert.
Le prieuré continua à être gouverné par les religieux
de Saint-Martin mais la vie religieuse se retira de
La Roche-Mabile avec la vie seigneuriale, ses possesseurs ayant cessé d'habiter le château, les moines
demandèrent et obtinrent la permission de se
retirer ; ce ne fut plus dès lors qu'un simple prieuré.
Lancelot de Vassey acquit le 1er juillet 1515, de
l'abbaye de Sées, les bâtiments qu'il fit détruire,
l'église devint une écurie, quant au prieuré il avait
été réuni à la mense abbatiale.

Je me bornerai à rappeler le témoignage de
l'abbé Hommey, qui croit que ce fut sous l'épis-
copat de Serlon, évêque de Sées (1091-1121) que
fut fondé l'ermitage de Chaumont sous les auspices
de Houl, évêque du Mans, et sous l'invocation de
saint Martin (*Gallia christiana*, E-696).

Les constructions de Chaumont ne furent pas
importantes : une simple chapelle, avec une petite
maison pour l'ermite attenante à la chapelle, un
puits ou citerne pour l'alimentation.

Les autres ermitages d'Ecouves n'étaient guère
plus importants. Celui de Vingt-Hanaps se com-
posait, en 1667, de deux bâtiments dont l'un servait
de chapelle, l'autre de maison manable, avec une
pièce de terre. Le prieuré du Gast était plus riche,
il comprenait une chapelle et trois corps de bâti-

ments disposés pour l'exploitation agricole, il avait été spécialement l'objet des largesses de ses fondateurs Guillaume de Ponthieu, petit-fils de Roger de Montgomery. Sainte-Catherine-du-Poitou ne comprenait, semble-t-il, qu'une chapelle de onze mètres sur sept. A Blanche-Lande, l'ermitage comprenait une chapelle dédiée à saint Gilles et un corps de bâtiments de l'habitation ayant une terrasse au sud, donnant sur une seconde terrasse en contre-bas, un étang, des bassins, et un bosquet qui existait encore en 1705 (abbé Julien Lefrou).

Pour Sainte-Catherine-de-Poitou, on a la bonne fortune d'avoir un procès-verbal de visite de la chapelle du 1er novembre 1679 par le doyen d'Alençon, Jacques Bernard, à la demande de l'évêque de Sées. Il est intéressant pour nous parce qu'il nous donnera une idée de ce que devait être, à la même époque, l'ermitage de Chaumont.

« Nous avons trouvé la chapelle parfaitement close dans tout son contour, dûment couverte de tuiles dans son entier, fermant d'une porte avec une clé, et sans qu'il n'y ait aucune ouverture au corps de ladite chapelle par où les animaux puissent entrer ; et, à l'égard de l'autel, nous avons trouvé au-dessus d'icelui une image représentant sainte Catherine descente et suffisamment décorée, avec deux pierres d'attente sur lesquelles le dit sieur Chapelain a marqué son dessein de faire apposer deux figures, l'une représentant saint Gilles et l'autre saint Loup, et à l'égard de la muraille servant de contre-étable, nous l'avons trouvée blanchie en son entier, la pierre disposée pour l'autel suffisamment descente, sur laquelle il y a un petit gradin, sur lequel il y a un crucifix et aux deux côtés, deux chandeliers à chaque côté avec quatre petits cierges blancs, le tout simple, mais en état descent et pour obvier à l'indescence qui pourrait survenir, nous avons ordonné qu'il serait mis des vitres à la fenêtre qui est au côté dudit autel et une pierre ou bois au bas de la porte pour empêcher l'eau de couler ; c'est tout ce que nous avons remarqué devoir être faite ladite chapelle qui est aussi dûment posée. »

En 1712, il est constaté que la chapelle de Sainte-Catherine n'a aucun ornement, ni autres choses nécessaires à la célébration de la messe.

On peut voir par là quelle était la simplicité de ces ermitages.

La vie à Chaumont ne devait pas être facile pour les ermites, les ermitages avaient tous des droits d'usage dans la forêt, ceux qui avaient le bonheur de se trouver dans un lieu moins escarpé que la butte pouvaient entreprendre la culture et avoir des bestiaux, mais ici la tradition donne le jardin de l'ermite à une plate-forme aplanie où il est probable qu'on a essayé de faire pousser quelque chose ;

on peut être sûr que la récolte ne fut jamais abondante.

Dans une étude parue récemment, le distingué
docteur alençonnais Beaudouin a mis en évidence
l'activité médicale des ermites de Chaumont. L'infatigable abbé Letacq avait découvert, dans le
jardin des ermites, quatre plantes étrangères à la
région, l'une même originaire du Jura, et qui ne
pouvaient être d'aucune utilité culinaire ou d'ornement. Le docteur Beaudouin a étudié ces plantes
au point de vue médicinal, et sa plume autorisée
évoque le dévot ermite arrosant ses simples en réci-
tant des oraisons, guérissant les plaies des bûcherons,
sujets à se couper et à s'écorcher, l'estomac des
paysans bas-normands qui ne fuient pas le cabaret
et dont le cidre « sous la forêt » est réputé, des
bonnes filles et des accortes commères pour lesquelles l'aristoloche est une panacée, il nous le
montre donnant des consultations à une époque où
le médecin de campagne n'existait pas encore.

Les ermites vécurent surtout d'aumônes, on
attribua même à celui de Chaumont des revenus
réguliers. Odolant-Desnos a relevé, il y a un siècle,
dans les registres des Echiquiers de 1520, 1530,
1539, 1543, la distribution faite à l'ermite de Chaumont, à la fin de chaque année, d'une modique
somme prise sur les amendes et il ajoute, détail
curieux faisant connaître la frugalité et la simplicité

des mœurs de ce temps, que l'on prenait aussi sur ces amendes « les gages du chapelain ordinaire de l'échiquier, ceux du vicaire et des chapelains qui avaient aidé à chanter la première messe, ceux du maître d'hôtel, des cuisiniers et autres domestiques, le loyer du linge et de la vaisselle d'étain sur laquelle on servait alors le chancelier et les seigneurs, le loyer des tapisseries, le bois, la chandelle, le cidre, le verjus, le vinaigre, les herbes et même ce que l'on payait aux enfants qui tournaient les broches ».

Il est à croire que l'ermitage de Chaumont était particulièrement florissant au moment de la guerre de Cent ans, car, au cours de ces longues luttes, l'abbaye de Saint-Martin de Sées avait eu beaucoup à souffrir des deux partis qui la rançonnaient également et se trouva réduite à une extrême misère. Guillaume de Rancé, alors évêque de Sées, voyant l'abbaye réduite à un pitoyable état, accablée de dettes et autres misères, les religieux réduits à un petit nombre, n'ayant plus « ubi sua possint capita reclinere », s'en était ému et lui avait donné par décret les revenus des prieurés de Coulonges, du Gast et de l'ermitage de Chaumont. Ce décret, rendu au château de Falaise le 28 octobre 1373, sous le pontificat de Grégoire XI, fut confirmé par deux bulles de Clément VII, datées d'Avignon ; en 1388, Jean IV, abbé de Saint-Martin de Sées, céda à ses moines les fruits de l'ermitage qu'ils venaient de recouvrer (*Gallia christiana*, D-723).

On ne connaît que le nom de six des ermites de Chaumont, ce furent tous des frères, ou religieux ayant fait des vœux, mais n'ayant pas été ordonnés prêtres et ne pouvant célébrer la messe.

Le 18 octobre 1417, Henry V, roi d'Angleterre, donna à Jean Aubry, ermite de Chaumont, des lettres de sauvegarde et de protection (*Rotuli Normaniæ*-854).

En 1493, l'évêque de Sées permit à Jean Leblond et à Jean de Mongey ou Mongier, frères ermites, de quêter pour la chapelle Saint-Martin de Chaumont (*Pouillé de l'Evêché*, cité par Calimas).

Le 12 mai 1558 l'indulgence de quarante jours est accordée à tous les fidèles faisant l'aumône au frère Louis Beauvalet, ermite de Chaumont (*Pouillé du diocèse de Sées*).

M. Germain-Beaupré, curé de Saint-Denis, a été assez heureux de retrouver l'acte d'inhumation d'un des derniers ermites de Chaumont. En voici la copie :

« Le jeudi absolu 15e d'avril 1683 est décédé dans la chapelle de Chaumont Etienne Chassière, hermite, en la communion de Notre Mère la Sainte Eglise, et le vendredi 16e son corps fut mis dans un cercueil de pierre couvert d'une tombe de hertray, dans ladite chapelle. »   Le Ferreur, Curé de Livaie.

Cette sépulture aurait été violée et l'abbé Mesnil croit que le sarcophage a servi, dans une ferme de la Guéfrie, à Saint-Hélier, d'auge à brasser les pommes.

Le dernier des ermites fut Guillaume Marin. Au registre d'information de Mgr d'Aquin, on trouve ces quelques renseignements sur son compte : « Guillaume Marin, frère ermite de Chaumont, fut confirmé dans l'église de Saint-Léonard d'Alençon, le 1er juin 1701. »

Le curé de Saint-Denis, Boulard d'Essay, à l'article Chapelles publiques en dehors de l'Eglise, fait cette déposition : « Il y a celle de Chaumont qui est toute ruinée, il y a pourtant un ermite nommé frère Guillaume, qui se fait faire une petite hutte au bas de la butte. On le dit d'assez bonnes mœurs et assistant aux offices. 30 juillet 1702. »

On ne saurait affirmer que les ermites de Chaumont furent toujours des vieillards, car dans les documents concernant l'ermitage de Blanche-Lande, on relève, en 1656, le nom du frère Bouteiller, âgé seulement de vingt-deux ans. Il se trouvait à Blanche-Lande avec un autre ermite, Nicolas Bigot, qui mourut en 1667 ; frère Bouteiller était sans doute un novice qui venait se sanctifier sous la direction du frère Bigot ; Guillaume Marin lui-même, le dernier ermite de Chaumont, ne devait pas être bien âgé puisqu'il fut confirmé au cours de l'ermitage et il est curieux de constater comme on l'a lu ci-dessus, que le curé de Saint-Denis semble faire quelques réserves sur ses mœurs.

La vie érémitique ne peut exister qu'avec une certaine forme de civilisation. L'enthousiasme pieux des premiers temps de l'Eglise et de notre société au Moyen-Age, la croyance naïve et le respect qu'avaient ces populations pour tous ceux qui se mettaient sous la protection de Dieu et des saints, la facilité de s'isoler dans un pays où la population était encore restreinte et les communications très rares, la simplicité et la frugalité de ces temps anciens sont autant de conditions nécessaires à la prospérité des ermitages. On vit ceux de la forêt d'Ecouves disparaître les uns après les autres vers la fin du règne de Louis XIV.

L'ermitage de Vingt-Hanaps paraît abandonné, ruiné, inhabitable en 1667. Il ne reste plus vers 1820 que quelques pans de murs de deux mètres de hauteur, maintenant ce ne sont plus que des amas de pierres alignées recouvertes de mousse, buissons d'épines, d'arbres : érables, frênes, coudriers.

Le prieuré du Gast, à la fin du XVIIIᵉ siècle, avait perdu ses religieux depuis longtemps, la culture des terres avait été confiée à un fermier, avec la clé de la chapelle qui était dans un si grand état de délabrement que le fermier reçut du Père abbé de Saint-Martin l'ordre d'empêcher Mgr d'Aquin, évêque de Sées, de la visiter, ce dont il sut s'acquitter avec une maladresse insigne.

En 1665, il ne reste plus que des ruines de Sainte-Catherine-du-Poitou. Pierre de Cadière la reconstruit en 1679, elle tombe bientôt en ruines et est de nouveau abandonnée en 1712.

On a si peu de documents sur Mesnil-Gault, qu'on ne peut constater si la chapelle fut desservie par un prêtre ou religieux résidant à demeure fixe dans cette solitude ; de toutes les constructions, il ne reste plus aujourd'hui qu'un amas de décombres perdues au milieu des broussailles, un ruisseau rend même difficile l'approche des vieilles ruines qui se trouvent maintenant dans un marécage. Une partie des pierres qui composaient les bâtiments servirent à la construction de maisons à Bois-Ville, près Sées.

L'ermitage de Blanche-Lande fut abandonné au début du XVIIIe siècle et la chapelle tomba en ruines. Avec les matériaux, une ferme fut construite à proximité dont les bâtiments furent à leur tour détruits vers 1779. Aujourd'hui il ne reste plus que des ruines accumulées sur un grand espace, sous une plantation de sapins, et il est probable qu'une partie des pierres a servi à la construction de la maison de garde voisine de ce lieu.

L'ermitage de la butte Chaumont n'échappa

pas au sort commun. Nous avons vu que le 30 juillet 1702 le curé Boulard de Saint-Denis constatait que la chapelle « est toute ruinnée », qu'il y avait encore un ermite nommé frère Guillaume et qu'il faisait bâtir une petite hutte au pied de la butte.

A la même époque, les religieux de Saint-Martin de Sées demandèrent l'autorisation d'abandonner l'ermitage et on a relevé dans le *Pouillé du diocèse* un acte du 15 octobre 1702 par lequel il est « permis aux abbés et religieux de Saint-Martin de Sées, patron de la chapelle Saint-Martin de la butte Chaumont, de la démolir et d'en transférer l'office à l'autel Saint-Martin dans leur église et de s'en approprier les fonds et revenus aux charges d'élever et entretenir une croix de pierre descente dans le lieu où était l'autel ».

Aux Registres d'informations de 1707, à l'article « Hermitage » il est répondu : « Il y en a un sur Chaumont ruiné par les foudres jusqu'à la chapelle abandonnée des moines de Saint-Martin qui en prennent son bien, le revenu. »

Cependant cela ne va pas tout seul car le comte de Montgomery avait sur la chapelle un droit seigneuial, consigné en cet aveu inscrit dans le Cartulaire de Saint-Martin de Sées : « Je prends au jour du jeudi absolu, sur la chapelle de Chaumont, cinq sols et un cens d'œufs. » Lors de l'abandon de l'ermitage, il exigea de l'abbaye par compensation un droit d'équivalent exigible le jour du premier mai.

Odolant-Desnos, qui écrivait à la fin du XVIIIe siècle (1722-1801), constate que la « chapelle est tombée en ruines ainsi que l'habitation des ermites depuis quarante ans ».

Les murs s'affaissèrent, les broussailles s'installèrent dans ces ruines, et le démolisseur passa sans doute par là aussi. On se servit des pierres pour la construction de quelques maisons des environs, en les faisant rouler au bas de la butte. C'est ainsi qu'au pied de la terrasse on peut remarquer une grande dalle rectangulaire qui a été abandonnée ; au Clos-Gache, une pierre sculptée d'une croix est logée sans raison dans un escalier et ne peut provenir que de l'ermitage ; des morceaux d'une colonne à pans taillés gisent dans la cour et nous savons que la sépulture du frère Chassière avait été profanée et le sarcophage amené jusqu'à Saint-Ellier.

Ces ruines devinrent tellement méconnaissables qu'un archéologue qui voyageait avec les yeux de la foi, M. Galleron, vint les visiter en 1834 et les prit pour le donjon des retranchements que nous avons relevés sur Chaumont.

Aujourd'hui la mousse a gagné partout, les broussailles et les feuilles mortes ont enseveli les vieilles pierres comme dans un suaire, les coudriers ont pris racine, un hêtre a étendu son vaste feuillage et un if solitaire semble se lamenter sur l'emplacement présumé de l'autel.

De nos jours encore, on indiquait le puits de l'ermite dans la futaie, on prétendait retrouver le jardin de l'ermite dans la terrasse du sud, et on montrait çà et là quelques groseilliers et guigniers, prouvant que le sol fut jadis cultivé, quant aux vieilles pierres elles étaient oubliées.

Lorsqu'au cours de la guerre, le poste de défense contre avions vint s'installer vers 1917 sur Chaumont, quelques coups de pioche permirent de mettre à nu l'ossature de l'ermitage qui formait un quadrilatère de vingt mètres sur cinq de largeur, orienté ouest-est. Les murs bâtis au mortier, avec de sérieuses fondations, avaient soixante-quinze centimètres d'épaisseur et étaient formés avec des pierres prises sur place ; toutefois aux angles et aux ouvertures on trouve des pierres blanches soigneusement établies et des moulures semblent avoir été faites avec du granit de hertray.

A certains endroits, le revêtement intérieur a été conservé intact derrière l'amas de pierres qui la protégeait, c'est un mortier blanchi à la chaux. Le dallage est constitué par des morceaux de grès ; en fouillant sous ce dallage on a pu retrouver deux pièces de monnaie, une de bronze, portant d'un côté une croix et de l'autre l'initiale H avec les fleurs de lys. La seconde pièce est en argent et assez rongée, elle a la grandeur d'une de nos pièces de dix centimes, porte d'un côté la croix avec fleurs de lys aux angles, de l'autre l'écu avec trois fleurs de lys et l'inscription, sur le pourtour, « *Carolus rex Francorum* » ; ces pièces dateraient de Charles IX et d'un Henry de la même époque.

Dans quelles circonstances furent-elles placées intentionnellement en cet endroit ? Est-ce lors d'une reconstruction de la chapelle ou seulement de l'établissement d'une annexe, des fouilles méthodiques apprendraient à n'en pas douter quelque chose.

C'est ainsi que les quelques coups de pioche déjà donnés ont permis de retrouver des débris de poteries grossières, de nombreuses et larges tuiles rouges provenant de la démolition du toit, du granit à moulure, quelques ferrures, des débris de vitraux formés d'un verre mince colorés en rouge ou en jaune, et même le bénitier de la chapelle, lourde cuve de granit à cinq pans qui était scellée dans la muraille et soutenue par un pied.

Quelque initiative pourrait redonner un peu de vie à ces murs témoins d'autres âges et permettrait d'entamer la légende pour enrichir l'histoire. Il y a là quelques loisirs charmants à consacrer pour un chercheur qui se plaît à interroger le passé et à arracher leur secret aux vieilles choses.

HISTOIRES DE BRIGANDS

Saint-Denis-sur-Sarthon se trouve sur la grand'-
route d'Alençon à Domfront que suivirent clandes-
tinement, lors des mauvais jours de la Révolution,
la plupart des émigrants de la Vendée, de l'Anjou
et du Maine, qui, après les échecs de l'armée catho-
lique et royale se virent dans l'obligation de quitter
le pays. Ils se rendaient dans les petits ports du
Cotentin, au large desquels croisaient les navires
anglais qui les transportaient en Angleterre.

Cet itinéraire revient souvent dans les mémoires
du temps et parfois un passage se trouve consacré
à l'auberge de relai de Saint-Denis-sur-Sarthon,
dont le nom avait été laïcisé en Sarthon-sous-
Chaumont, où les émigrants passaient des nuits
plus sûres qu'à Alençon où ils avaient tout à craindre
des partis populaires de la ville.

Et pourtant, ce ne fut pas toujours sans mésa-
venture. Un prêtre émigré de Tours raconte dans
ses mémoires publiés récemment, que traversant
précipitamment Alençon où on venait l'avant-veille
de massacrer quelques prêtres, il tomba à Saint-
Denis entre les mains d'une troupe républicaine,

Le ... -Aubray

avec quelques compagnons qui étaient en voiture. Les chevaux furent détachés. On alla chercher le maire, un brave homme sans instruction, mais adroit et animé de bons sentiments, il eut beaucoup de peine à les protéger contre les fureurs de la foule. On les conduisit dans la chambre haute de l'auberge d'où ils entendirent les cris de mort et les vociférations à leur adresse, mêlés au crépitement des fusils et au roulement du tambour. Ils y passèrent une bien mauvaise nuit, lorsqu'au petit jour le maire leur fit dire de fuir par les champs où ils reprirent leur itinéraire.

On a conservé dans le pays quelques souvenirs de ces émigrants, entre autres à Chaumont.

A deux cents mètres de l'ancien poste de défense contre avions, le long du chemin creux qui y conduit et suit la lisière de la forêt, se trouve une vieille ferme isolée et tapissée de lierre, appelée le Genêt-Aubray. Un soir de 1793, à l'époque où la tourmente révolutionnaire ayant gagné les provinces y battait son plein, les gens qui l'habitaient venaient de se coucher. On frappa à la porte, bien timidement. Les fermiers inquiets ne répondirent pas tout d'abord ; on frappa à nouveau. « Qui est là ? — Un malheureux qui vous demande seulement un morceau de pain. » Pris de pitié, et à la campagne on refuse difficilement le morceau de pain au vagabond, le fermier alla ouvrir.

La porte fut repoussée violemment et au lieu d'un homme il en entra sept. Leur attitude farouche effraya les pauvres gens qui s'attendirent aux pires extrémités.

« Ne craignez rien, bonnes gens, nous sommes des émigrés, nous errons dans la forêt, nous avons appris, par la fumée de votre four, que vous aviez boulangé aujourd'hui, nous sommes affamés, nous voulons seulement du pain. »

Deux d'entre eux se tinrent contre la porte, deux autres accompagnèrent le fermier à la cave, les autres restèrent dans la chambre pour s'assurer que la femme et ses enfants ne bougeraient pas.

Ils mangèrent et burent, s'emparèrent de la fournée de pain presque entière et se retirèrent en menaçant les pauvres gens, si jamais ils racontaient ce qui venait de se passer.

Les fermiers se turent longtemps, d'ailleurs ils n'entendirent jamais parler de ces gens qui avaient envahi leur demeure.

Toujours à mi-hauteur de la butte Chaumont, à l'est de l'ancien poste et au carrefour de quatre chemins creux, se trouve le village du Puiserot, appelé aujourd'hui Piserot.

Ce coin est très vert et ne manque pas de charme, de grands peupliers se dressent dans le ciel et l'eau d'une fontaine venant de la forêt s'écoule en méandres à travers les pâtures.

La ferme principale se trouve à cet endroit ; quoique remaniée, elle a conservé quelques seuils anciens, sous une fenêtre portant un écu, on lit encore sur la pierre la date de la construction : 1668. C'était jadis la demeure d'une des plus honorables familles de Saint-Denis, les Martin du Puiserot.

Dans son très intéressant travail sur l'abbé Coulombet, M. Germain-Beaupré a donné quelques détails sur ces Martin du Puiserot.

« De nombreux prêtres, plusieurs chanoines du chapitre de Carrouges, entre autres, étaient de ces Martin du Puiserot. Il s'en rencontre deux : l'oncle et le neveu qui exercèrent les fonctions de vicaire à Saint-Denis, le neveu Pierre-Etienne fut même le dernier titulaire du vicariat avant la Révolution. Avec son frère Pierre-René, également prêtre, vicaire, puis curé de Chalange, il tenta de se réfugier en Angleterre, mais on les reconnut à Gacé où ils furent massacrés par une foule en délire, le 9 septembre 1792.

« Le nom des Martin du Puiserot s'éteignit avec le quatrième des enfants, François Pierre, mort célibataire, le 13 brumaire, an X. »

C'est celui-ci qui, au cours de la tourmente révolutionnaire, donna généreusement l'hospitalité de sa maison au vénérable abbé Coulombet, curé de Saint-Denis depuis cinquante ans, où son action sociale, récemment mise en lumière par M. Germain-Beaupré, fut particulièrement remarquable. En effet, dès avant la Révolution, ce prêtre d'élite avait organisé dans sa paroisse : écoles pour garçons et filles avec distributions de prix, primes aux familles pour encourager la fréquentation scolaire, travail à domicile pour les femmes, école dentellière, caisse dotale, bureau de charité, comice agricole, prêts agricoles de semences, justice de paix, et il en avait obtenu les meilleurs résultats pour la tranquillité et la prospérité de sa paroisse.

Ainsi l'on trouve beaucoup d'actes religieux rédigés au Puiserot, tel celui-ci :

« Ce jeudi 9 avril 1795, à Saint-Denis, dans la grange de M. du Puiserot servant d'église dans les malheureuses circonstances où se trouve l'Eglise de France, d'après les permissions et pouvoirs accordés dans leurs diocèses respectifs par nos seigneurs Jean-Baptiste du Plessis d'Argentré, évêque de Sées, et Geoffroy de Gaussens, évêque du Mans, etc., etc. »

Le Puiserot recueillit aussi d'autres prêtres insermentés, les autorités révolutionnaires y firent des perquisitions et il y eut même des arrestations.

DÉSESPOIR D'AMOUR

Ce fut un événement tragique dont les vieillards se souviennent encore. Au cours du siècle dernier, un jeune homme de La Roche-Mabile, ce bourg que l'on aperçoit du haut de Chaumont, s'était épris secrètement d'une jeune fille de condition supérieure à la sienne. Bourgeoisement parlant, le mariage était impossible et, en fait, la demande qu'il risqua fut nettement rejetée.

Le pauvre garçon en fut si navré, tellement inconsolable qu'il résolut de mettre un terme à une vie qui lui était amère et pour laquelle il manquait assurément de philosophie. Il bourra un de ces pistolets que l'on ne rencontre plus de nos jours où la civilisation nous a dotés de ces instruments plus énergiques que l'on appelle revolver et browning et dont le progrès n'a souvent pas lieu d'être bien fier. Puis il monta sur Chaumont. Arrivé au pied de la croix, il fit encore une fois l'inventaire de sa vie et probablement qu'il trouva que le passif des peines dépassait l'actif des joies, car il jeta un dernier regard sur le village natal qui s'étendait à ses pieds et se fit sauter la cervelle.

Ce n'est qu'un banal fait-divers qui ne mériterait pas d'intérêt si quelques jours plus tard les gardes n'avaient trouvé le cadavre, prévenu la gendarmerie et si tout ce monde ne s'était trouvé fort embarrassé par une grave question. Les limites de quatre communes aboutissent au calvaire au pied duquel le cadavre s'était écroulé. Quelle commune devait dresser l'acte de décès et se charger de l'inhumation ? Le suicide était un acte infamant pour lequel le clergé refusait la sépulture chrétienne, c'était toute une série d'embarras et même le déshonneur pour la commune sur laquelle l'événement s'était passé et Dieu sait si, sous le second Empire, on était intraitable sur ces questions ; bref personne ne voulait du pauvre diable. Est-ce le préfet de l'époque qui donna la solution du problème ? Je ne sais. En tout cas il fut résolu par une subtilité : on décida que le cadavre serait réputé comme trouvé sur la commune où reposait la tête, « siège de la pensée et qui, au surplus, était décédée la première ». M. Joseph Prud'homme ayant ainsi décidé, l'acte de décès fut dressé à la mairie de Saint-Denis-sur-Sarthon et l'inhumation se fit au cimetière de cette commune.

Cher lecteur, ne souriez pas de cette macabre plaisanterie et ne croyez pas qu'il n'y a là que la mentalité étroite d'une autre époque et qu'aujourd'hui les règles administratives soient moins rigides.

On a vu, au cours de la dernière guerre, les officiers d'un de nos régiments refuser d'enterrer un soldat français sous le beau prétexte qu'il ne dépendait pas de leur unité, la prévoté interdire aux civils de donner les derniers devoirs au cadavre ensanglanté, et ce pauvre corps tombé pour l'idéal, abandonné de longs jours dans la plaine.

LE PUITS DE L'ERMITE

Quand, au cours de la guerre, le Poste d'observation fut installé à Saint-Denis, l'officier d'état-
major avait déjà, sur sa carte, entouré Chaumont
d'un trait rouge et en plaçant les soldats au Piserot,
il se préoccupa d'une installation ultérieure sur le
rocher. Il demanda dans le pays s'il y avait de
l'eau potable sur Chaumont et de tous côtés on
lui répondit qu'il existait un puits dont se servait
autrefois l'ermite, son eau était limpide et ne taris-
sait jamais. Cela le décida à mettre les soldats en
ermitage à leur tour.

Les matériaux arrivèrent, les soldats durent
terrasser et, au cours des travaux, se préoccuper de
trouver de l'eau. Ils cherchèrent partout le puits de
l'ermite, interrogèrent les gens du pays plus affir-
matifs les uns que les autres : on avait toujours vu
de l'eau même au milieu des chaleurs les plus fortes,
ils parlèrent de les emmener sur le mont pour en
montrer l'emplacement, alors les hésitations com-
mencèrent, les gens n'avaient pas vu eux-mêmes,
mais ils avaient entendu dire qu'il y avait toujours
de l'eau, ils tenaient cela de leurs grands-parents,
ils insistèrent auprès de quelques personnes que la

Le pylone d'observation de la Croix Saint-Jacques

curiosité amenait sur la butte le dimanche, les unes
se récusèrent, il y avait si longtemps qu'elles étaient
venues là pour la dernière fois qu'elles ne se rappe-
laient vraiment plus — et de fait un cultivateur,
qui habitait depuis plus de quarante ans au pied de
la butte, avoua n'y avoir pas monté huit fois,
d'autres plus osés tâtonnèrent un peu et indiquèrent
une excavation quelconque.

Les soldats obtinrent ainsi sept ou huit empla-
cements du puits célèbre et ils auraient été bien
naïfs de se mettre à quitter leur veste et de piocher
toutes les excavations du roc pour s'assurer si cha-
cune d'elles ne contenait pas ce qu'ils cherchaient.

L'ermite eut-il vraiment un puits ? On trouve
çà et là de belles excavations de main d'homme et
qui ont pu servir de carrière pour la construction
de l'ermitage, mais le fond en est aride comme les
sables du désert. Je crois que c'est un vieux char-
bonnier de la forêt que j'ai rencontré qui m'a donné
un jour le renseignement le plus exact. Le puits
de l'ermite était au pied de la terrasse sur laquelle
était construit notre baraquement, il avait trente
pieds de profondeur et fut comblé avec des pierres,
il y a une centaine d'années, parce que des chevaux
qui faisaient le portage du bois pour les petites
forges locales aujourd'hui disparues, étaient tombés
dedans et n'avaient pu en être retirés.

Ce puits était-il vraiment un puits ? C'était très

probablement une citerne dans laquelle l'eau du petit plateau devait être drainée. C'est l'avis de M. Germain-Beaupré, l'érudit curé de Saint-Denis. On ne pouvait d'ailleurs guère espérer voir courir un ruisseau sur la pointe de ce cône.

Pourtant les soldats eurent une de ces émotions et de ces espérances qui donnent de l'intérêt à la vie. Une brave femme des environs avait indiqué auprès du plateau une excavation contenant une eau croupissante dans laquelle les bûcherons mettaient tremper les harts pour lier les fagots. En la débarrassant des feuilles pourries, il resta la valeur d'une barrique d'eau de tannin sur laquelle ils fondèrent quelques espoirs. Le niveau en fut soigneusement marqué sur le roc avec un crayon d'aniline. Vint un ou deux jours pluvieux et l'eau monta. Ce fut un beau jour. Hélas, si Joseph avait vu en songe les vaches grasses, il avait vu aussi les vaches maigres : le temps se mit au sec et la fontaine baissa, baissa tant, qu'il ne resta pas une goutte d'eau. Pourtant, après chaque pluie, ils en virent réapparaître un peu et ils suivirent avec inquiétude les hauts et les bas de cette moribonde.

Mais comment se fait-il donc que le puits de Chaumont, qui n'existe plus depuis si longtemps, ait tant de réputation et soit connu de toute la région ? C'est une plaisante histoire. Naguère existait à Saint-Denis un bon vieux médecin qui ne croyait guère aux philtres des apothicaires, ce qui donne à penser qu'il ne manquait pas de bon sens et ne l'empêchait pas d'avoir une grande renommée.

Les ivrognes allaient surtout le trouver lorsque l'abus du « petit calvados » avait déchaîné quelque pituite chronique dans leur estomac : « M'sieu le Docteu, ch'uis ben malade, qui qu'y faut faire ? »

Le bon docteur avait un léger sourire.

« Ah, un remède bien simple, vous irez chaque jour à Chaumont, au Piserot, vous remplirez une bouteille de l'eau de la fontaine, elle a certaines propriétés, vous en absorberez tant que vous pourrez pendant quatre semaines et vous ne boirez que cela. »

Je ne pense pas que l'eau du Piserot soit une eau magique, mais ce qui est certain, c'est qu'au bout de quelques semaines les clients du malin docteur se sentaient l'estomac léger.

C'est d'ailleurs cette eau que le poste dut aller chercher pour sa subsistance et les corvées de bidons entourant le corps, ou de barillets portés avec un bois sur l'épaule rappelèrent un peu la tranchée dans ses bons jours (¹).

---

(1) Odolant-Desnos croyait à l'existence d'un puits et dans son manuscrit « Dictionnaire du département de l'Orne », il insérait le passage suivant : « On voit encore sur le sommet de la montagne, une des plus hautes de Normandie, suivant les observations de Cassini qui la choisit pour former des triangles, les restes d'un puy, ce qui peut opposer une difficulté au système de M. de Buffon assez généralement adopté sur l'origine des fontaines. »

PÈLERINAGES

Chaumont, petite montagne isolée, est une sorte de butte sacrée à laquelle les gens des environs attribuent quelques vertus. Les anciens habitants de la Grèce avaient également la coutume de consacrer les lieux isolés à quelque divinité et de l'entourer de tout un cortège de légendes aventureuses et de spécialités thérapeutiques.

Ici les pèlerinages datent sans doute de l'ermitage, si on invoque sainte Catherine du Poitou pour retrouver les objets perdus, si on prie saint Hubert à la petite chapelle de la Cassine pour obtenir guérison et préservation de la rage, on vient à Chaumont pour guérir de la fièvre et de la peur.

Un jour que les soldats du poste acheminaient leurs matériaux sur Chaumont et que l'attelage tirait, suait, soufflait et était... presque rendu, ils remarquèrent trois commères des environs qui montaient le sentier, elles étaient fort recueillies et se rendirent au pied de la croix de bois. Ils pouvaient penser que c'était la curiosité de leur entreprise qui les amenaient sur ce perchoir, mais elles parlaient entre elles de la limite des quatre communes

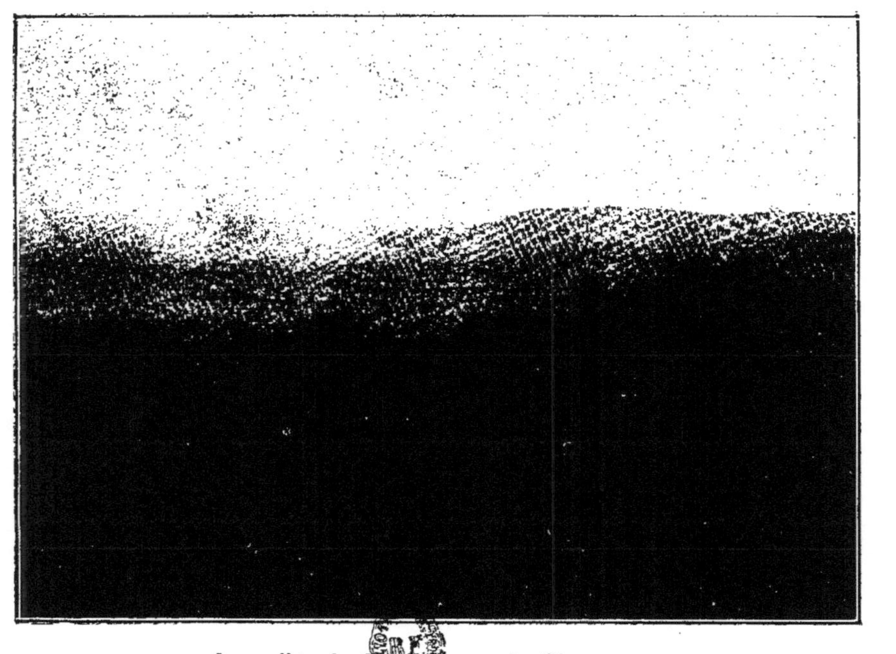

La vallée du Sarthe vue de Chaumont

et d'autres choses à voix basse, si bien qu'ils devinèrent qu'un autre motif les avaient amenées ici et que, si elles avaient grimpé si près du ciel, c'est qu'elles avaient peut-être quelque chose à lui demander. Comme les soldats redescendaient le sentier elles les accompagnèrent et parlèrent si gaillardement que leurs peu chastes oreilles de poilus en tintèrent.

Les vieux des environs donnèrent l'explication, nos trois braves femmes avaient entrepris un pèlerinage contre la timidité et la peur. De qui avaient-elles peur ? Les soldats l'ignorèrent, mais en tout cas elles passèrent leur peur sur eux. Ils n'étaient pourtant pas bien féroces ni sauvages, mais leur uniforme ne leur disait rien qui vaille sans doute, et en montant elles s'étaient tenues soigneusement à distance, mais en descendant, elles osèrent, confiantes dans le résultat de leur oraison, elles y allèrent brutalement même, et comme il ne se passa évidemment rien de tragique, ce fut pour elles un petit miracle. A quoi tient tout de même la nature des choses et le bonheur des gens ! Pourtant si elles avaient commencé à s'adresser aux soldats en montant le mont sacré, je suis convaincu qu'elles n'auraient pas eu besoin d'en atteindre le sommet.

D'autres escaladent ce roc pour guérir les fièvres rebelles à la cuisine des morticoles ; pour en obtenir la guérison il faut se rendre individuellement en pèlerinage à la croix Saint-Jacques, le premier dimanche de mai, avant le lever du soleil.

D'autres encore font une neuvaine, puis forment un groupe de neuf personnes qui se rendent à la limite des quatre communes en portant des œufs avec eux, un œuf s'il n'y a qu'un peu de fièvre, beaucoup d'œufs s'il y a beaucoup de fièvre. Ces œufs sont abandonnés au pied de la croix et il paraît que la fièvre est transmise à la personne ou à l'animal qui s'empare des œufs. J'avoue que cela ne se fait plus guère, car on devient mécréant de nos jours et la foi est moins naïve ; je n'ai pas vu non plus de trace d'omelette offerte en sacrifice sur le socle du calvaire et je crois que, par ces temps de vie difficile, trop de gens n'auraient pas hésité à absorber toutes les fièvres de l'humanité sous forme d'œufs. Mais il est probable que cette coutume était fort en usage autrefois, puisque le Cartulaire de Saint-Martin de Sées contient l'indication du droit seigneurial du comte de Montgomery de prendre sur la chapelle de Chaumont cinq sols et un cent d'œufs « au jour du jeudi absolu ».

Autrefois, également à cette croix, était appliqué un tronc destiné à recevoir les aumônes déposées par les pèlerins qui allaient et vont encore invoquer saint Philippe et saint Jacques pour la cessation de la fièvre.

Très curieuse, n'est-ce pas, l'influence thérapeutique de la limite de quatre communes, lorsqu'elle se trouve sur un lieu élevé. Je ne crois pas que beaucoup de fièvres aient été guéries avec ce remède. Peut-être, au temps des ermites, ceux-ci obtenaient-ils des résultats avec leurs simples, mais depuis, les pauvres poitrinaires ont dû perdre leurs dernières forces et abréger leurs jours dans une pareille ascension. « Pourquoi aller chercher un médecin si haut, m'a dit un bonhomme de bon sens, quand le docteur se rend à domicile. » J'ai ajouté, sans penser à rien : « L'un ne fait peut-être pas plus de mal que l'autre. »

Les gars et les filles ont les jambes plus solides et viennent aussi sur Chaumont, mais par couples et en pèlerinages certainement moins pieux, à l'effet de résoudre les petites difficultés de leurs amourettes. Eh bien, le résultat est merveilleux, les difficultés sont aplanies comme par enchantement, les gars et les filles descendent de Chaumont gais et enlacés, le bonheur dans la figure. Je me suis toujours imaginé que les hautes bruyères de la butte y étaient pour quelque chose.

LA FÊTE A CHAUMONT

On a relevé, dans le *Pouillé du diocèse de Sées*, un acte en date du 15 octobre 1702 qui permet « aux abbés et religieux de Saint-Martin de Sées, patrons de la chapelle Saint-Martin de la butte Chaumont, de la démolir et d'en transférer l'office à l'autel Saint-Martin dans leur église et de s'en approprier les fonds et revenus aux charges d'élever et entretenir une croix de pierre descente dans le lieu où était l'autel ».

On ne sait si cette croix a été érigée, car on n'en trouve pas trace dans les ruines de l'ermitage, on ne remarque qu'un simple calvaire de bois dressé sur une dalle de pierre, au milieu d'une plate-forme naturelle. Cette croix regarde le nord et les touristes l'ont couverte d'inscriptions.

Le lieu est enchanteur à la belle saison. Un grand hêtre étend largement ses bras noueux, les taillis agitent leurs feuilles vertes et procurent un bienfaisant ombrage, tandis qu'une brise légère rafraîchit sans cesse l'atmosphère. Le spectacle du soleil sur la forêt d'Ecouves est merveilleux et la vue sur la vaste plaine d'Alençon barrée à l'horizon par la forêt de Perseigne ne l'est pas moins.

Cet endroit est un lieu d'excursion fort en faveur auprès des Alençonnais et des habitants des campagnes qui s'y donnent rendez-vous le premier dimanche de mai.

« Cette assemblée, la première du pays, n'était du reste, à l'origine, comme partout ailleurs, que l'épanouissement, en réjouissances publiques, d'une cérémonie religieuse. Ce jour-là en effet, pour honorer saint Philippe et saint Jacques, les paroissiens de Saint-Denis-sur-Sarthon faisaient une procession solennelle au calvaire pour dominer le sommet de la butte qui porte le nom des deux apôtres. »

M. GERMAIN-BEAUPRÉ.

L'assemblée remonte à une époque assez lointaine, car, en 1707, le curé de Saint-Denis écrit : « On vient ordinairement sur Chaumont le 1er de may, mais on n'y vient plus guère à cause de la ruine de la chapelle. »

Nous avons vu que le comte de Montgomery, ayant un droit seigneurial sur l'ermitage de Chaumont, exige le paiement de cinq sols et d'un cent d'œufs au jour du premier mai.

Odolant-Desnos écrit, à la fin du XVIIIe siècle, que c'était un pèlerinage fort en vogue et qu'on y tenait au 1er mai une foire considérable (*Diction-*

naire du département de l'Orne, article « Cuissay »)

Cette activité est bien tombée maintenant, la fête, pour n'être pas aussi importante que celle qui se tient chaque année à quelques kilomètres, à la chapelle Sainte-Anne, en la forêt de Multonne, n'en était pas moins très animée avant la guerre ; il y venait plusieurs centaines de personnes avec des provisions qu'elles dégustaient gaiement dans les bruyères.

Une loterie se tenait dans le jardin de l'ermite et l'on s'y pressait pour gagner, selon les hasards du sort, un bocal de bonbons, un verre souvenir ou une douzaine de macarons. Un peu plus loin, c'était le tir à l'arc où les jeunes gens exerçaient leur adresse, il voisinait avec quelques barriques de ce bon cidre du hameau de Rance qui est au pied de Chaumont. Ces barriques, amenées là non sans peines, ni même incidents, comme l'année où les commis de la régie vinrent troubler la fête, étaient trop tôt vides.

Mais ce qui donnait le plus d'animation à l'assemblée, c'était le bal, qui se tenait au pied de la croix, sur la plate-forme ; un accordéon infatigable y faisait tourner les gars et les filles jusqu'à la nuit, les couples y dansaient à perdre haleine des polkas et des scottishs et des masurks, puis dévalaient le sentier en farandoles joyeuses.

Des bonshommes, dont les libations avaient été trop copieuses, descendaient plus lourdement, s'égaraient puis finissaient par passer la nuit en plein air.

Les bois retentissaient de rires, de cris et de chants que l'écho s'amusait à répercuter, les oiseaux eux-mêmes, enthousiasmés par cette animation, s'en donnaient à cœur joie et pépiaient toute la musique de leur répertoire.

LE POSTE D'OBSERVATION

Ce matin-là, quand j'arrivai au quartier, l'adjudant me fit appeler et m'annonça que je partais pour Saint-Denis-sur-Sarthon, dans l'Orne, relever un chef de poste D.C.A. que son âge permettait de renvoyer cultiver sa terre. Butte Chaumont, D.C.A., Saint-Denis-sur-Sarthon, ces trois mots voltigeaient dans ma tête et ne me disaient rien. Une carte d'état-major m'indiqua où se trouvaient Saint-Denis et la butte Chaumont, noms parisiens exilés en Basse-Normandie, les instructions qui me furent données m'apprirent que D.C.A. ne voulait pas dire Dépôt Complémentaire des Avocats ou Dépotoir Central des Artistes, mais bien Défense Contre Aéronefs.

Des aéronefs ennemis dans l'Orne ! J'avoue que je crus tout d'abord à une plaisanterie de l'Administration, mais quand mon prédécesseur me passa en consigne la liasse de circulaires et de notes concernant ce poste, je fus amené à prendre mes nouvelles fonctions fort au sérieux et à craindre l'esprit d'entreprise et d'audace de ces Allemands qui mena-

L'ancien poste à la Charre

çaient de venir bombarder nos vertes contrées de l'Ouest.

A mon arrivée, le poste était installé au pied de la butte, dans une petite ferme inhabitée appelée la Charre, il comprenait un sergent, un caporal et, depuis un mois, cinq hommes seulement au lieu de sept, tous « pépères » qui, « ne s'en faisant pas », allaient dans la journée donner un coup de main aux cultivateurs et, le soir, prenaient leur garde avec philosophie. Ils s'étaient installés là en octobre 1916 ; on leur avait remis, avec beaucoup de recommandations un téléphone deux mois plus tard, ce qui était un événement, car des indigènes, qui n'avaient jamais vu cet instrument étrange, venaient en pèlerinage au poste et restaient cloués de stupeur en remarquant que la sonnerie marchait toute seule ; la vieille receveuse du pays elle-même ne savait pas trop comment s'en servir, car « quand elle était entrée dans l'administration, on ne connaissait pas encore ces machines-là qui sonnent à en casser les oreilles et on vivait bien tout de même ».

C'était le bon temps, mais bientôt les « pépères » s'en furent en sursis agricole, ils furent remplacés par des blessés de jeunes classes. Quelques jours après mon arrivée, un officier du génie vint au poste, il fallut le conduire au sommet de Chaumont et là il décida de nous installer un baraquement sur l'emplacement du jardin de l'ermite, avec un échafaudage d'observation au pied du calvaire. Le mois de mars 1917 se passa en charrois et certes, ce ne fut pas un petit travail que de hisser sur Chaumont les matériaux amenés par chemin de fer. Il fallut construire une petite voiture légère et faire de nombreux tours.

En avril, une équipe d'ouvriers du génie vint dresser nos échafaudages et au mois de mai nous déménagions. Ce ne fut pas sans regrets. Sans doute nous gagnions un site splendide et le calme apaisant des bois, mais ce sont là des avantages qui, pour être prisés par les poètes, n'enthousiasment pas nécessairement les soldats de la grande armée du maréchal Pétain. Huit jours de contemplations féeriques ne parvinrent pas à faire oublier que la côte était dure à monter, avec la provision d'eau, la boisson, le ravitaillement.

Et pourtant nous avions un secteur militaire de surveillance très étendu, — presque cent kilomètres — surveillance qui ne devait jamais servir à rien d'ailleurs. Nous étions un des jalons d'une longue chaîne de postes allant de Brest jusqu'au delà de Lyon, destinée à assurer la protection intérieure du pays. Son seul geste héroïque fut, je crois, de signaler la dérive des zeppelins de l'automne 1917, ce qui permit de les détruire. Nous étions reliés à des centres de défense, nos voisins de gauche à Rennes, ceux de droite à Chartres et nous à Tours ; plus à l'arrière, des canons antiaériens avaient été installés aux environs du Mans, on en avait mis un à Allonnes, un autre aux Oiselières, plus tard on avait ajouté quelques projecteurs, une escadrille même était à la disposition de la défense. On m'a assuré que c'était là l'œuvre essentielle du maréchal Lyautey, lors de son passage au ministère de la guerre.

Je ne m'étendrai pas sur l'utilité de toute cette installation. Nous autres soldats, nous allions là où nos chefs nous envoyaient, ils nous avaient dit de faire ceci et nous l'avions fait, mais je dois ajouter que si la garde fut toujours montée, ce ne fut pas sans scepticisme et que pour ma part je n'eus jamais à signaler qu'une saucisse en dérive et qu'à recevoir des coups de téléphone de ce genre :

« Allo Chaumont ! Avez-vous des armes ? Eh bien, ne tirez pas sur le dirigeable français qui partira d'Issy-les-Moulineaux, le ... » et nous ne vîmes pas plus ce dirigeable français que les autres.

Notre observatoire était un échafaudage d'une quinzaine de mètres auquel on accédait par trois escaliers, le dernier fort bref et embarrassant pour les personnes qui n'y étaient pas habituées. Le guetteur se tenait dans une cage vitrée où le téléphone était installé, on rabattait la trappe et, dans les beaux jours, il y était à son aise pour fumer sa pipe et lire des élucubrations de cape et d'épée de

Michel Zévaco ou les ineptes aventures du bandit Fantomas.

L'administration avait baptisé ce pylone « mirador », nous nous servions de ce mot qui sonnait étrangement aux oreilles des indigènes qui ne parvenaient pas à se le rappeler, le déformaient de la manière la plus invraisemblable, puis baptisèrent le pylone « tour Eiffel ». Et tout le monde vint voir la Tour Eiffel de Chaumont.

Le dimanche soir c'était un défilé sans fin, certains soirs d'été nous eûmes jusqu'à une soixantaine de visiteurs, ils ne venaient pas les mains vides, car des pancartes rébarbatives annonçaient « zone militaire interdite ». Nous avions du cidre, du vin, mieux encore de la gniolle, ceux qui ne portaient rien laissaient quelques sous. Alors les consignes fléchissaient, les visiteurs faisaient l'ascension du pylone, les femmes avec un peu plus d'appréhension et poussant des cris aigus. Une grosse commère, qui avait entrepris de grimper là-haut, resta en contemplation entre le deuxième et le troisième escalier, n'osant plus monter ni descendre. Nos exhortations à lui faire adopter une décision n'aboutirent à aucune solution et il fallut la descendre comme un paquet de linge. On nous demandait en confidence si nous n'avions pas de mitrailleuse et nous n'osions pas répondre non, il y eut même une histoire de canons, une fois que

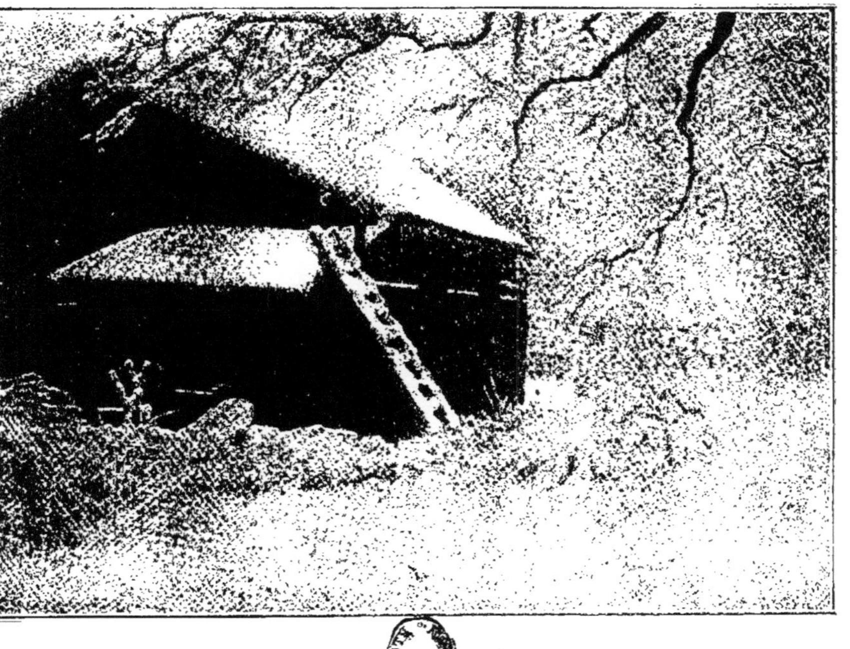

Le baraquement sous la neige

j'avais fermé ma chambre à clef. Nous étions de joyeux ermites.

Un beau jour que j'allais au bourg de Saint-Denis, je fus abordé par certaine gazette de village : « Eh bien, c'était beau l'autre jour !!! Ah oui, bien beau. — Mais qu'est-ce donc qui était si beau ? — Mais votre projecteur. — Mon projecteur ? — Je vois que vous ne voulez rien dire, parce que c'est un secret de la défense nationale, mais nous avons vu d'ici vos exercices, c'est égal, ça éclaire rudement bien. »

Et j'ai appris par la suite que le soleil couchant avait reflété dans le chassis du mirador et que tout Saint-Denis était sorti sur la route pour voir les rayons réfléchis du soleil qu'ils prenaient pour un projecteur.

Vint l'hiver. Les feuilles tombèrent, les visiteurs s'espacèrent, il ne vint plus personne, la neige nous envahit pendant trois longues semaines, nous avions beau faire ronfler les poêles, nous grelottions dans notre baraque en planches, plusieurs soldats tombèrent malades par le froid. Nous n'étions plus que de pauvres ermites faisant leur pénitence à soupirer auprès des splendeurs de la belle saison.

Avec l'armistice les soldats furent démobilisés et en 1920 l'installation fut vendue et démolie, nous n'en regretterons que le pylone, une somme infime eut permis de le laisser en place pour la joie des amateurs de panoramas et des touristes.

EXCURSION
EN AUTOMOBILE OU A BICYCLETTE
D'ALENÇON A CHAUMONT

Condé : *Carrières de granit et diamant d'Alençon.*

Château de Verveine : *Le parc.*

Saint-Denis : *L'église ; ancien haut-fourneau ; la* faïencerie.

La Roche-Mabile : *Le vieux château ; dentelle d'Alençon ; site de la Roche-Elie ; étang de Fontenai.*

La butte Chaumont : *Le Saut-à-la-Dame ; l'Ermitage ; les retranchements ; le panorama ; gîte fossilifère près le château de Glatigny.*

Lonrai : *Château Le Marois et haras.*

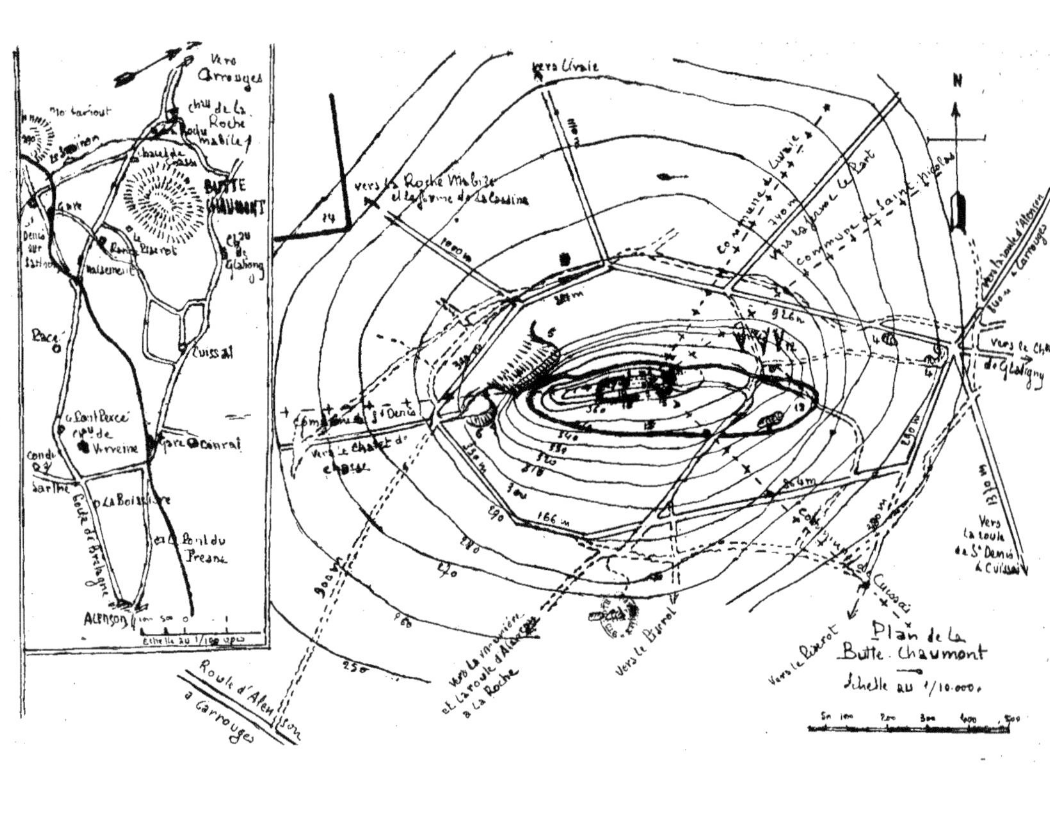

Vers Carrouges
Vers Livaie
chin de la Roche mobile
vers la Roche Mabile et la ferme de la Cavaline
BUTTE CHAUMONT
Glahong
Cuissai
Sarthe
La Boissière
et le Pont du Presant
ALENÇON
Echelle au 1/100.000
Route d'Alençon a Carrouges
vers la vin ancienne et la route d'Alençon à La Roche
vers le Bisrot
Plan de la Butte Chaumont
Echelle au 1/10.000
vers le Bisrot
Cuissai
Vers la route de St Denis à Cuissai
vers le Chin de Glatigny
commune de saint Nicolas
commune de Livaie
N

LÉGENDE DU PLAN
DE LA BUTTE CHAUMONT

1. *La Croix Saint-Jacques.*
2. *La Pierre-au-Chat.*
3. *La Garenne-des-Fournaux.*
4. *La Pierre-Forestière.*
5. *Les Carrières.*
6. *Le Saut-à-la-Dame.*
7. *Le jardin de l'ermite et le baraquement.*
8. *Le Mirador.*
9. *Ruines de l'ermitage.*
10. *La futaie de l'Ermitage.*
11. *La vasque.*
12. *Anciennes carrières.*
13. *La fontaine aux Chiens.*
14. *Fossés de la Madeleine.*
15. *Oppidum de Chaumont.*

TABLE DES MATIÈRES

Alençon. — Imprimerie Alençonnaise 11, rue des Marcheries.

www.ingramcontent.com/pod-product-compliance
Ingram Content Group UK Ltd.
Pitfield, Milton Keynes, MK11 3LW, UK
UKHW021910070726
13613UKWH00001B/452